영·혼·육의 전인적인
# 치유일기

영·혼·육의
전인적인

# 치유일기

김명환 지음

코람데오

"평강의 하나님이 친히 너희를

온전히 거룩하게 하시고

또 너희의 온 영과 혼과 몸이

우리 주 예수 그리스도께서

강림하실 때에 흠

없게 보전되기를 원하노라"

살전 5:23

※제 일생의(영 · 혼 · 육) 전인적인 치유의 삶을 이제와 영원히 인도해 주시는
삼위일체 하나님께 이 책을 올려 드립니다.

잠깐의 휴식동안 이 책과 함께 하면

당신의 영·혼·육을

주님께서 치유시켜 주시는 선물이 될 것입니다.

---

　사랑하는 김명환 전도사님의 《영·혼·육의 전인적인 치유일기》를 출판하게 됨을 진심으로 축하드립니다.

　김 전도사님과 10여 년을 함께 사역하면서 말 없는 침묵의 영성 가운데 주시는 치유의 은혜가 너무도 놀라웠습니다.

　그런데 이번에 명저를 통해 영·혼·육, 명사 주제, 원예, 여행, 영화, 독서, 음악(찬양), 그림(미술), 중보적 기도 삼행시, 지나간 날들(30, 40대), 첫째 딸, 둘째 딸, 성시순례, 도서출판(문서선교) 등을 통한 치유일기를 펴내게 되어 더욱 더 큰 은혜를 받습니다.

　이 《영·혼·육의 전인적인 치유일기》가 널리 읽혀져서 영혼의 죄악과 마음의 상처와 육신의 질병으로 고통 가운데 있는 이들에게 놀라운 치유의 은혜를 함께 나눌 수 있길 간절히 바랍니다.

　더욱이 코로나19로 인해 모두가 지치고 힘들 때 모두에게 청량음료와 같은 생수의 은혜가 널리 전해지길 간절히 바라면서 기쁨으로 이 저서를 모두에게 적극 추천하는 바입니다.

치유하는 교회 위임목사

치유상담대학원 대학교 초빙교수 김 의 식

# 칠순 기념집을 내면서

꿈 많던 10대 청소년 시기 때가 생각났습니다. 농촌 마을에서 자란 저는 세 가지 꿈을 꾸며 많은 공상에 잠기곤 했지요. 모태신앙의 소유자로 유아세례를 받은 저는, 주일에 드리는 아동부 예배가 큰 보람이고 낙이었답니다. 오리나 떨어진 마장 초등학교는 제가 자란 고향인 작촌리에서 거의 50분 소요의 긴 거리였습니다.

'나는 이 다음에 커서 훌륭한 사람이 될거야! 착한 여 전도사님이 되어 강단에서 설교도 해야지. 그리고 그림 화가도 되어야지. 아니 무엇보다도 좋은 글을 써서 책을 만들어 내는 여류 작가가 되고 싶다!'

저는 어린 시절에 늘 이 세 가지 소원을 마음 속에 품고 기도하며, 노년에 이르기까지 질풍노도의 인생을 살아왔습니다. 지금 뒤돌아보니 주님께서는 저의 꿈과 이상의 기도를 능히 넘치도록 들어 응답해 주셨습니다. 아멘. 할렐루야! 생각하는 것까지도 헤아려 갚아주시는 분, 진정 삼위일체의 하나님은 나의 하나님, 나의 예수님, 나의 성령님으로 이 순간도 제 안에 내주하고 계심을 믿고 감사드립니다.

신축년의 2021년도를 맞는 이 해에 벌써 제 나이가 70세가 되었습니다. 아직도 마음은 소녀 같은데 노년으로 접어 들었네요. 주님께서는 제 소원을 거의 다 들어 주셔서 전도사의 직임에 있게 하셨습니다. 자칭 그림 화가라 칭하며 늘 그림 그리기를 좋아한답니다. 특히 글쓰기를 좋아하는 제게 주님은 일찌감치 28년(1993)전에 시인으로 등단케 하셨습니다.

사람의 영혼을 살리는 문서선교사가 되고 싶어하는 제게 여러 권의 책을 발간하도록 인도하셨습니다. 저의 칠순 기념의 때를 맞이하여 이렇게 8권째의 책으로 《치유일기집》을 세상에 내 놓게 되었으니, 임마누엘의 하나님, 에벤에셀의 하나님, 우리의 치료자 되시는 여호와 라파의 하나님께 감사와 영광, 찬양을 올려 드립니다.

"시몬 베드로가 올라가서 그물을 육지에 끌어 올리니 가득히 찬 큰 물고기가 백 쉰 세 마리라. 이같이 많으나 그물이 찢어지지 아니하였더라"(요 21:11).

기록된 말씀 중에 153마리의 물고기를 떠올리며, 지난 3년 동안 153가지의 치유일기 원고를 마무리 하게 되었습니다. 시몬 베드로처럼 '내 뜻과 내 생각을 버리고 주님 말씀에 순종하면 풍성한 기적의 역사가 일어난다'는 일념의 믿음이었지요. 14가지 주제로 분류하여 작성했습니다. 글을 쓰는 동안 가장 먼저 제 자신의 상처와 죄성을 알아차림으로 치유받게 된 사실에 그저 감사할 따름입니다.

저희 치유하는 교회를 담임하고 계시는 김의식 위임 목사님께서 추천의 글을 맡아 주신 것에 대해 무한 감사를 드립니다. 늘 제 곁에서 물심양면으로 돕고 응원해 주는 두 딸들(소현, 성은)에게 고마움을 가슴 깊이 전합니다. 특히 좋은 책을 만들어 주시는 코람데오 출판사의 임병해 대표님께도 진심으로 감사를 드립니다. 이 책을 읽으시는 모든 독자들에게 우리 주님의 은총과 치유의 은혜가 충만하시길 기원합니다.

부활절기에, 주님의 신부 김명환

CONTENTS

## 1장 영·혼·육의 전인적인 치유일기

001 주여, 받은 줄로 믿습니다! • 22

002 쉼이 있는 자리 • 23

003 자연 건강식 • 24

004 조화로운 운동 관리 • 25

005 여호와를 찬양할지어다 • 26

006 함께 웃고 함께 울며 • 27

007 살아있는 것이 희망이다 • 28

008 우리 안에 있는 거짓 신 • 29

009 불쌍히 여겨 용서하는 마음 • 30

010 금은보화 없어도 예수님 한 분이면 • 31

011 우리는 입과 귀를 잃었습니다! • 32

012 판문점 남북 정상회담 • 33

013 건강한 수면관리 • 34

014 성령 강림 주일 • 35

015 수양 체질과 푸른 잎 채소 • 36

016 복식 호흡과 걷기 운동 • 37

017 주여, 제 마음에 진실함을 주소서! • 38

018 서울 스카이 전망대에서 • 39

019 에덴의 동산 • 40

020 그 은혜 아니면 • 41

021 마테호른 산을 떠올리며 • 43

022 샘 같은 단잠의 삶 • 44

023 근력 운동의 도전 • 45

024 산 소망의 하나님이 좋은 것으로 • 46

025 감사할 이유를 찾을 때 • 47

026 찬양의 향기를 발하는 나날 • 48

027 가족과 함께 먹고 즐기는 명절 • 49

028 주의 거룩한 산 제물로 • 50

029 가을 모기와의 사투 • 51

030 사랑의 동기로 드리는 강청기도 • 52

031 예수님 믿고 구원 받으세요 • 53

032 현숙한 자의 수면관리 • 54

033 훈련기간 버티어 내기 • 55

034 주일 점심을 나누는 헐몬 스카이라운지에서 • 56

035 편백 황토 온열 침대 • 57

036 절제하며 기다리는 인내 • 58

037 영안이 열린 예루살렘의 딸 • 59

038 덕을 세우는 자의 언행 • 60

039 승리자의 관을 얻기까지 • 61

## 2장 명사 주제로 풀어보는 치유일기

040 인내 • 64

041 장막 • 65

042 이불 • 66

043 미세먼지 • 67

044 단식 • 68

045 집 • 69

046 질병 • 70

047 버림받음 • 71

048 백세 강연 • 72

# CONTENTS

049 평생계획 • 73

050 입주예배 • 74

051 사랑 • 75

052 교회 오빠 • 77

053 삼행시 기도문 • 78

054 선교 부흥회 • 79

055 보물 • 80

056 봉선화 • 81

057 어린 아이 • 82


## 3장 원예를 통한 치유일기

058 반 평 텃밭 가꾸기 • 84

059 씨 뿌리는 자의 비유 • 85

060 가을 텃밭을 기대하며 • 86

061 교회 옥상 하늘공원 • 87

062 실내 공기정화 식물 • 88

063 추수 때까지 함께 • 89

064 새 봄의 옥토 결실을 기대하며 • 90


## 4장 여행을 통한 치유일기

065 중국(장가계) 여행 • 92

066 대만(타이완) 여행 • 93

067 강원도(대관령, 청평) 여행 • 94

068 일본(유후인) 여행 • 95

069 스위스(이탈리아) 여행 • 96

070 괌(수족관) 여행 • 97

071 제주도(동백 수목원) 여행 • 98

## 5장  영화를 통한 치유일기

072 동심초(한국영화) • 100

073 저 하늘에도 슬픔이(한국영화) • 101

074 그린 마일(미국영화) • 102

075 건너가게 하소서(한국 뮤지컬) • 103

076 타이타닉(미국영화) • 104

077 노트북(미국영화) • 105

078 제인 에어(영국영화) • 106

## 6장  독서를 통한 치유일기

079 예수라면 어떻게 할 것인가(1992.8) • 108

080 삼위일체 장수법(1998.6) • 109

081 비타민C 박사의 생명 이야기(2005.6) • 110

082 나는 죽어도 행복합니다(2005.8) • 111

083 상한 마음의 치유(2007.3) • 112

084 방언 기도는 즐겁다(2007.9) • 113

085 청중을 깨우는 강해설교(2011.1) • 114

CONTENTS

## 7장  음악(찬양)을 통한 치유일기

086  갈보리 산 위에 • 116
087  내 평생 살아온 길 • 117
088  주 품에 품으소서 • 118
089  나를 위해 오신 주님 • 119
090  나 약해 있을 때에도 • 120
091  사랑을 위하여 • 121
092  이제 나만 믿어요 • 122

## 8장  그림(미술)을 통한 치유일기

093  기도하는 손(듀러) • 124
094  사이프러스 나무가 있는 푸른 밀밭(반 고흐) • 126
095  이삭줍기(밀레) • 127
096  꽃의 정원(구스타프 클림트) • 128
097  예수님의 얼굴(워너 솔맨) • 129

## 9장  중보적 기도 삼행시를 통한 치유일기

098  목회자(위임, 교구)를 위한 기도 삼행시 • 132
099  찬양대(할렐루야 · 아가페) 임원을 위한 기도 삼행시 • 135
100  목장(211) 가족을 위한 기도 삼행시 • 137
101  치유원(인턴동기) 의식 수업 동아리를 위한 기도 삼행시 • 139
102  신학 동기생(우리모임)을 위한 기도 삼행시 • 141
103  지인(믿음의 권속)들을 위한 기도 삼행시 • 143

# 10장 지나간 날들(30, 40대)의 치유일기

104 낙엽 • 148

105 오직 주님 뿐 • 149

106 응답받는 기도 • 150

107 찬양의 의미 • 151

108 질고를 통한 심령의 소생 • 152

109 축호전도 • 153

110 소현이의 신앙생활 • 154

111 졸업식 • 155

112 주님! 잘못했습니다 • 156

113 시인 등단의 소식 • 157

# 11장 첫째 딸의 초등일기

114 성탄 축하의 밤 • 160

115 즐거운 크리스마스 • 161

116 겨울학교 주일예배 • 162

117 엄마와 함께 한 요리 • 163

118 어버이 날과 저금 • 164

119 주보 모음상 • 165

120 혼자서도 잘 노는 동생 • 166

121 이천에 간 일 • 167

122 치마 • 168

123 계란 판 일 • 169

CONTENTS

## 12장 둘째 딸의 초등일기

124 언니와 함께 한 날 • 172

125 성경 시험 • 173

126 엄마와 같이 빨래 갠 것 • 174

127 미리가 낳은 새끼 강아지 • 175

128 학교의 연못 • 176

129 씨앗 심기와 엄마 칭찬 • 177

130 언니에게 간호해 준 일 • 178

131 풍선 불기 • 179

132 왜 이렇게 슬프지 • 180

133 불쌍한 강아지 새끼들 • 181

## 13장 성지순례(터키, 그리스)를 통한 치유일기

134 성지순례를 다짐하며 • 184

135 터키 성지순례 • 185

136 사도 바울 동굴 교회 • 186

137 지하도시 데린쿠유 • 187

138 라오디게아 교회 • 188

139 서머나 교회 • 189

140 에베소 교회 • 190

141 밧모섬 • 191

142 고린도, 아테네 • 192

143 메테오라 수도원 • 193

144 빌립보 교회 • 194

145 네압볼리 • 195

146 성 소피아 성당 • 196

## 14장 도서출판(문서선교)을 통한 치유일기

147 주님께 드리는 편지(2002. 1. 10. 발간) • 198

148 주의 거룩한 새벽 전에서(2005. 8. 3. 발간) • 199

149 주와 함께 물 댄 동산을 거닐며(2009. 12. 10. 발간) • 200

150 행복한 만남(2012. 12. 10. 발간) • 201

151 내 모습 이대로(2012. 12. 10. 발간) • 202

152 어머니, 당신이 그리워질 때면(2016. 3. 6. 발간) • 203

153 영생하도록 솟아나는 샘물이 되리라(2018. 5. 12. 발간) • 205

# 제1장

# 영·혼·육의
# 전인적인 치유일기

# 주여, 받은 줄로 믿습니다!

"그러므로 내가 너희에게 말하노니
무엇이든지 기도하고 구하는 것은 받은 줄로 믿으라
그리하면 너희에게 그대로 되리라"(막11:24).

조엘 오스틴 목사님의 저서 《매일아침 긍정의 힘 365》란 책을 새해 새벽기도 큐티집 참고서로 택했다. 믿고 구하면 된다의 긍정적인 믿음의 확신을 일깨워 주는, 하나님의 말씀 중심의 목회자가 아닐 수 없다.

나 역시도 부정적인 의식의 삶에서 벗어나, 긍정적 삶의 소유자로 더욱 더 앞을 향해 정진하려한다. 그런 의미에서 나는 '치유일기'를 쓰기로 작정했다. 기도 중에 성령님께서 오늘 내게 주신 비전이다. 나는 순종하기로 했다. 내 의지대로 한계를 정하는 오류를 범치 않기로 했다.

지금의 내 나이가 67세이다. 이제 내 인생 70세가 되기까지의 3년 동안을, 천천히 그리고 끈기 있게 내 모습 그대로를 드러내려 한다. 오직 구한 것은 받은 줄로 믿는 믿음으로 기도하며… 2018.1.7.주일

# 쉼이 있는 자리

"수고하고 무거운 짐 진 자들아 다 내게로 오라
내가 너희를 쉬게 하리라"(마11:28).


안식의 초청으로 인도하시는 예수님의 말씀이다. 인생의 모든 크고 작은 짐들, 영혼과 육신을 포함한 버거운 짐들을 주님께 맡기라는 의미가 아닐까.

짐이라는 것은 무겁다. 근심 덩어리다. 그러므로 유쾌하지 않다. 한편 쉼을 생각해 보았다. 쉼은 평안이다. 쉼은 여유로움이다. 삼라만상으로 보여지는 자연의 모습들을 보면 쉼의 편안함과 안식을 경험하게 된다.

영적인 의미에서의 쉼이란 무엇일까. 어떠한 외부의 작용에도 요동치 않는 위로부터의 성령 충만함이라 말하고 싶다. 십자가의 고난 이후에 따라오는 부활의 생명이 평안의 쉼이라 하겠다.

내 마음 속에 자리 잡힌 묵은 상처와 스트레스의 찌꺼기들을 날려 버리려 한다. 푸른 산과 넓은 들의 초원길, 흙과 바람, 시냇물 소리로 마음을 달래고 싶다.
2018.1.17.수

# 자연 건강식

"하나님이 이르시되 내가 온 지면의 씨 맺는 모든 채소와
씨 가진 열매 맺는 모든 나무를 너희에게 주노니
너희의 먹을거리가 되리라"(창1:29).


지난 해의 봄 부터 내가 실천하는 습관이 있다. 그것은 무엇보다 나의 삼시 세끼를 향한 식단이었다. 약을 복용하기에 앞서 건강한 자연의 음식을 요리하여, 질병 없는 나의 몸을 유지해 나가자는 취지다.

몸의 전체 구조가 냉한 체질인 나는 음성 체질로 알고 있다. 씹어서 먹는 음식과 마시는 일 하나 하나에도 무심해서는 안 된다고 여기는 나의 사고방식이다. 하나님께서 이미 천지를 창조하시며, 우리 인간의 먹을거리를 예비해 주셨다.

씨 맺는 모든 채소, 씨 가진 열매 맺는 모든 나무 등등, 흙에서 나는 식물의 종류는 광범위하다.

특히 자연 건강식에 관심이 많아진 나는, 각종 야채 주스와 수프에 관심을 기울여 매일 때마다 먹고 마신다. 비위기능이 약한 편에 속한 나의 체질로 볼 때 , 육류보다는 곡식류나 과일, 야채가 잘 맞는다. 올 한해의 건강 관리 계획표의 실천으로 온전한 다이어트의 일인자가 되려한다.

2018.1.22.월

# 조화로운 운동 관리

> "평강의 하나님이 친히 너희를 온전히 거룩하게 하시고
> 또 너희의 온 영과 혼과 몸이 우리 주 예수 그리스도께서
> 강림하실 때에 흠 없게 보전되기를 원하노라"(살전5:23).

　　하나님의 은혜로 다녀온 두 번의 여행을 떠올려 본다. 두 딸들과 함께 하는 외출이니 마음도 가볍고 만족했다. 지난 1월 마지막 주간에는 제주도 여행이었다. 온갖 스트레스와 피로를 주로 여행하는 일로 풀어나가는 큰 딸 소현이와, 항상 언니의 의견에 잘 따라주는 작은 딸 성은! 주님께서 내게 맡기신 두 자녀가 대견하고 자랑스럽기만 하다.

　　제주도에서의 '곶자왈' 산책은 많은 깨달음을 안겨 주었다. 고목나무들과 수풀의 어우러짐 속에서 '혼자는 살 수 없다'는 주제를 발견했다. 독불장군은 없다는 것을…….

　　그리고 지난 주말에는 3박5일 코스로 마카오를 여행하고 왔다. 두 자녀와 함께 드린 한인교회의 주일 예배가 잊혀지지 않는 추억이 되었다. 무엇보다 이틀 이상을 이만보가 가깝도록 쉼 없이 걷다보니 왼쪽 무릎의 통증이 왔다. 평상시에 조화로운 운동을 했더라면…  2018.2.8.목

# 여호와를 찬양할지어다

**"호흡이 있는 자마다 여호와를 찬양할지어다**
**할렐루야"**(시150:6).


"찬양하라 내 영혼아 찬양하라 내 영혼아 내 속에 있는 것들아 다 찬양하라"

듣고 또 들어도, 부르고 또 불러도 지침이 없는 감동의 성가이다. 시편의 가장 끝 절! 살아있어 호흡하는 자마다 여호와 하나님을 찬양하라는 말씀이 할렐루야로 마무리 된다.

'설 명절 기념 찬양 콘서트'를 지난주에 본 교회 수요예배 2부 때 진행되었다. '시와 그림'팀의 이름으로 찬양 사역과 목회를 하시는 김정석 목사님! 간증과 찬양의 시간은 성령충만 자체였다. 특히 사순절이 시작되는 '재의 수요일' 밤이 아니던가. 예수 그리스도의 보혈 찬송이 온 성전에 울려 퍼졌다. 오직 주의 보혈 만이 우리의 완악한 죄를 씻겨 주신다는 찬양의 가사를 음미하며 함께 따라 불렀다.

내게 생명이 있어 여호와를 찬양할 수 있다는 것, 이 사실이 참 행복이요 온전한 치유임을 절감했다.                    2018.2.21.수

# 함께 웃고 함께 울며

> "즐거워하는 자들과 함께 즐거워하고
> 우는 자들과 함께 울라"(롬12:15).

　17일 간의 평창 동계 올림픽 대회가 행복한 추억으로 남겨졌다. 어제 저녁 8시의 폐막식은 진정 환상이었다. 개회식도 아름다웠는데, 대한민국은 세계의 여러 나라 중에 총 7위의 성적으로 메달을 받았다. 감동 자체였다. 이제 며칠 후엔 10일 간의 동계 패럴림픽 대회도 시작될 것이다. 나는 매 순간의 경기 장면을 시청하며 때론 안타까워 울고도 싶었고, 매우 기뻐서 춤추고 싶을 때도 있었다.

　사실 성경 말씀에도 있듯이 뒤는 돌아보지 말고 앞만을 향해 질주해야 하는 운동 경기자의 자세가, 우리 모든 인생의 삶이 아닌가 싶다. 우리나라 선수들이 얼음 위를 달리다가 예기치 않게 넘어져 부상까지 입었을 때는 가슴을 쓸어 내려야 했다. 하지만 예상 외의 금메달은 뛸 듯이 기뻤다.

　그중에 내가 목격한 생생한 장면을 지금도 잊을 수가 없다. 바로 지지난 주일 저녁에 열차를 타고 달려간 '강릉 스피드 스케이팅 경기장'에서의 경기 모습이었다. 장관! 두 딸들과 함께 현장에 참석했던 나는 눈시울을 붉혔다. 바로 금메달을 받은 일본 선수가 은메달을 받은 우리나라 선수를 포옹하는 장면이었다. 　　　　　　　　　　2018.2.26.월

# 살아있는 것이 희망이다

"너희는 그를 죽은 자 가운데서 살리시고
영광을 주신 하나님을 그리스도로 말미암아 믿는자니
너희 믿음과 소망이 하나님께 있게 하셨느니라"(벧전1:21).

사순절 기간이다. 부활 주일 이전의 고난 주간에는 늘 지키는 나의 습관이 있다. 옷도 화려하고 붉은 색 보다는 검은색이나 어두운 색상의 것들을 찾아 입는 편이다. 그리고 성 금요일을 맞는 그 주간엔, 주로 일주일 동안 밤 집회에 참석하며 아침 금식 기도를 실천한다.

매년 실행하는 규칙적인 일이지만, 이번엔 진심으로 예수 그리스도의 십자가 고난을 의식하며 기도하려 한다. 그리스도로 말미암아 믿음과 산 소망을 주신 하나님 아버지께 영광을 돌린다.

나는 오늘 아침 TV를 통해 감동 받은 강연자의 한마디 외침을 잊지 못한다. '살아있는 것이 희망이다'란 주제로 호소하는 탈북자 이 박사님!

맞다. 우리 인간이 아무리 척박한 환경에 있어도 살아 숨 쉬고 있다면 소망이 보이는 것이다. 2018.3.9.금

# 우리 안에 있는 거짓 신

> "그러나 우리의 시민권은 하늘에 있는지라
> 거기로부터 구원하는 자 곧 주 예수 그리스도를 기다리노니"
>
> (빌3:20).

충격이었다. 헌신예배 시간에 강사 목사님을 통하여 전달 받은 빌립보의 말씀(빌3:17-21)이 자꾸 생각난다. '우리 안에 있는 거짓 신'이 무엇일까? 내 자신을 먼저 점검해 본다.

두 발로 교회를 왕래하는 것만이 능사가 아님을 안다. 하나님의 말씀대로 순종하며 성실하게 실천하는 청지기적인 삶! 주님 앞에 내 모습이 부끄럽다. 주님 앉으실 자리에 세상의 염려나 재물, 욕망이 도사리고 있었다. 두 주인을 섬길 수 없는데 말이다.

참된 믿음은 하나님 말씀대로 사는 것이라 했다. 천국은 진실로 좁은 문의 삶을 산 사람만이 가는 자리라고 했다. 입술로만 '주여 주여' 소리친다고 허락되는 천국이 아니다. 주 예수 그리스도의 십자가 은혜로만 받게 되는 하늘의 시민권이다.

땅의 일과 거짓된 우상의 신을 버리고, 영원한 나의 주인 되시는 주님 안에서 살아갈 나를 진단해 본다.                    2018.3.15.목

# 불쌍히 여겨 용서하는 마음

"서로 친절하게 하며 불쌍히 여기며 서로 용서하기를
하나님이 그리스도 안에서 너희를 용서하심과 같이 하라"(엡4:32).

특새 기간이다. 오늘은 2교구 연합 찬양대가 새벽예배 때의 찬양 순서를 맡았다. 나는 모처럼 새벽 3시40분에 기상하여 택시를 타고 치유하는 교회에 일찍 다다랐다. 매일 새벽 기도회에 나갈 수 있는 가까운 곳의 성도들이 때때로 부러웠다. 하지만 예전에 비해 나의 교통 조건은 많이 좋아졌다. 한 시간의 거리도 안 되는 본 교회에 도착하여 늘 예배드릴 수 있음이 그저 감사하기만 하다.

새벽 강단의 말씀에서 '용서'에 대한 단어가 마음에 새겨졌다. 일곱 번을 일흔 번까지라도 용서하라는 주님의 말씀을 떠올린다. 결국 이 말씀의 뜻은 주께서 우리를 용서하신 것 같이 우리도 상대방을 끝까지 용서하고 불쌍히 여기라는 의미인 것이다. 덮어주는 사랑으로 친절히 감싸주라는 말씀이다.

"주님, 제 자신부터 용서하고 사랑하게 하소서." 마음이 홀가분해 진다.

2018.3.23.금

# 금은보화 없어도 예수님 한 분이면

**"내가 확신하노니 사망이나 생명이나 천사들이나 권세자들이나 현재 일이나 장래 일이나 능력이나 높음이나 깊음이나 그 어떤 피조물이라도 우리를 우리 주 그리스도 예수 안에 있는 하나님의 사랑에서 끊을 수 없으리라"(롬8:38-39).**

"천국에 금이 많아 가고 싶은 곳이 아니라오.
천국에 은이 많아 가고 싶은 곳도 아니라오.
그곳에 십자가 진 예수님이 계시니
세상 부귀 다 떨치고 가고 싶은 곳이라오."

지금부터 40년 전에 내가 자주 흥얼거렸던 복음성가이다. 왜 갑자기 이 찬양의 가사에 목이 메일까. 그것은 내 죄 때문에 십자가 지신 예수님 생각에 가슴이 뭉클해서이다. 또한 나 때문에 3일 만에 부활하신 구세주 예수 그리스도!

하나님의 끊을 수 없는 사랑이 놀랍다. 그 사랑의 높이와 깊이를 감히 그 누구도 흉내 낼 수가 없다.

부활 주일에 매년 새 생명 초청 잔치를 개최한다. 엊그제 부활 주일에도 개그우먼 이성미 집사님의 간증이 본 교회에서 있었다. 그녀의 마지막 간증의 고백이 은혜위에 은혜이다. "여러분! 금은보화 없어도 우리 죄를 위해 십자가 지신 예수님의 사랑이면, 예수님 한 분이면 다 됩니다!"

2018.4.3.화

# 우리는 입과 귀를 잃었습니다!

"하늘을 우러러 탄식하시며 그에게 이르시되
에바다 하시니 이는 열리라는 뜻이라"(막7:34).

1년 전에 우리 치유하는 교회에서도 새롭게 '농인교회'가 개척되었다. 어젯밤에 처음으로 드려진 농인교회 헌신예배 때의 말씀이 잊혀지질 않는다.

"우리는 입과 귀를 잃었습니다"로 시작되는 정 목사님의 수화 설교 말씀. 그리고 아내 되시는 임 사모님의 또랑 또랑한 목소리의 통역이 화음으로 어우러진 은혜의 시간이 되었다.

25년 전에 두 분이 만나 귀한 사역을 이루게 하시는 하나님의 사랑을 몸소 느낄 수 있었다. 목사님의 입과 귀가 되어 협력, 헌신하시는 사모님이 존경스러웠다. 내 자신이 얼마나 찔림의 시간을 갖게 되었는지 모른다.

나는 입으로 말할 수가 있고 맘껏 찬송할 수가 있다. 그리고 양쪽의 귀로 얼마든지 청명하게 모든 소리를 들을 수 있지 않는가!

수화로 찬양하는 팀원들을 바라보면서, 나야말로 간단한 수화라도 배워야 하겠다는 생각을 해본다. 농인교회 형제 자매들과의 교제를 위해서라도…

2018.4.12.목

# 판문점 남북 정상회담

**"그는 우리의 화평이신지라 둘로 하나를 만드사
원수 된 것 곧 중간에 막힌 담을 자기 육체로 허시고"**(엡2:14).

나는 지난 금요일을 잊을 수가 없다. 그날 밤의 금요 치유집회는 그 야말로 감격의 눈물 기도였다. 2018년도 4월 27일은 역사의 한 페이지가 되었다. 어제로 이달의 다섯 번째 주일 예배를 드렸는데, 오후 4시부터 시작된 열린 음악회가 심금을 울렸다. '판문점 남북 정상회담!'

문재인 대통령과 김정은 위원장과의 만남이 판문점에서 이루어졌다. 생각만 해도 감격스럽다. 필경 이 사건은 우리나라 전 국민의 상한 마음을 치유하는 평화의 경사가 아닐 수 없다.

현재 눈에 보이는 비핵화의 결실이 없었다 해도, 이제는 남북의 두 정상이 만났다는 것 자체가 기쁜 일이다. 전쟁이 없는 대한민국의 남과 북이 되게 한다는 약속이 대단하다. 진정 화평으로 화해케 하시는 주님께서, 우리의 기도에 응답하심으로 가는 길이 아닌지… 더욱 이 민족의 통일을 위해 기도해야 하겠다. 2018.4.30.월

# 건강한 수면관리

**"너희가 일찍이 일어나고 늦게 누우며 수고의 떡을 먹음이 헛되도다. 그러므로 여호와께서 그의 사랑하시는 자에게는 잠을 주시는도다"**(시127:2).

《24시간 관리법》이란 책을 읽고 있다. "하루의 호르몬 밸런스를 시간별로 관리하라"고 저자는 강조한다. 나는 그동안의 내 취침 생활을 점검해 보았다. 매일 일정하지 못했다. 때로는 몸의 건강을 해치는 야식까지 먹고 힘들어 하는 경우도 있었다. 이젠 절제할 때가 온 것 같다.

하나님께서 우리 인간을 지으신 그 섭리와 순리에 맞춰 살면 건강하리라 믿는다. 나의 형편과 사정을 주님이 먼저 아신다. 주께서 주신 내 생명을 귀히 여겨 건강관리에 힘쓰는 성실함을 보여야할 때다. 그렇다. "여호와께서 그의 사랑하시는 자에게는 잠을 주시는 도다" 하셨다. 아멘이다.

이 책의 내용 중에서 잠자는 부분을 살펴보았다. 자정 전후에 잠이 들었다면 새벽1시부터 2시 즈음이 가장 깊은 수면의 시간대라 한다. 하루 중에 성장 호르몬이 가장 많이 분비된다는 것이다. 또한 도파민도 나온단다. 무엇보다 수면 관리의 실천자로 살아야 하겠다.

2018.5.9.수

# 성령 강림 주일

**"서로 마음을 같이하며 높은 데 마음을 두지 말고
도리어 낮은 데 처하며 스스로 지혜 있는 체 하지 말라"**(롬12:16).

이번 주일 예배는 '성령 강림 주일'로 드려졌다. 어제 교회에서 예배 드리고 찬양 연습하는 시간 시간이 하루 종일 얼마나 행복했는지 모른다. 내 자신이 겸손히 낮아지려 힐 때 주께서는 나를 은근히 높여 주신다는 진리를 체험했다.

교회 소식을 알리는 주보에 실려진 내 이름 석 자와 책 제목이 눈에 들어왔다. 《영생하도록 솟아나는 샘물이 되리라(제7집)》의 신간서적 발간 소식을 전달하시는 김의식 위임 목사님을 바라보는 나의 마음은 감동 자체였다.

사실은 성령님과의 서신 대화체의 손글씨로, 내 자신을 나타내기보다 성령님 만을 높여 드린다는 나의 소신이었다. 그래서 주보에 올리지 않고 오는 수요 예배 때 전 성도들에게 선물로 드리겠다고 작정하고 있었던 것이다.

우리 하나님의 놀라운 사랑과 배려에 눈물겹도록 감사드린다. '거저 받았으니 거저 주라'는 말씀에 순종하니 기쁘기 한량없다. 더욱 겸손하리라.

2018.5.21.월

# 수양 체질과 푸른 잎 채소

**"땅이 네게 가시덤불과 엉겅퀴를 낼 것이라
네가 먹을 것은 밭의 채소인즉"**(창3:18).


어제도 역시 미체담(8체질 전문)한의원에서 체질 침을 맞고 왔다. 3일 동안 받게 된 내 몸의 체질 검사! 16년 전에 지인 소개로 한의원에 갔을 때가 생각났다. 그 때의 내 나이는 50대 초반이었다. 그런데 놀라운 것은 나의 체질이 그 때나 지금이나 변함없는 수양 체질이라는 사실이다.

8체질 창시자인 권도원박사의 '8체질 의학'서적을 정독하면서, 저자는 8체질의 논거를 성서에서만 찾을 수 있다고 고백한다. 8체질에서 보는 생명의 신비가 놀랍다. 금양과 금음, 토양과 토음, 목양과 목음, 수양과 수음. 이렇게 여덟 가지의 체질로 사람의 체질을 구분할 수 있단다. "미래의 의사는 환자에게 약을 주기 보다는, 환자의 체질과 음식과 질병의 원인과 예방에 관심을 기울이게 될 것이다"라고 저자는 밝히고 있다.

하나님께서 창세기에 새겨 말씀하신, 씨 맺는 모든 채소와 씨 가진 모든 나무를 우리 인간의 먹을거리가 되게 하신다 하셨다. 밭에 심겨진 푸른 잎 채소들을 더욱 맛있게 즐겨 먹으련다. 부모님 때부터 이어받게 된 나의 체질이니, 감사히 받아 관리할 것이다.　　　2018.5.29.화

# 복식호흡과 걷기운동

"오직 여호와를 앙망하는 자는 새 힘을 얻으리니
독수리가 날개치며 올라감 같을 것이요
달음박질 하여도 곤비하지 아니하겠고
걸어가도 피곤하지 아니하리로다"(사40:31).

고도원의 아침 편지는 유명하다. 많은 사람들이 즐겨 찾아 힘을 얻는 치유의 글이 아닐 수 없다. 충청북도 충주의 노은면에 위치한 '깊은 산속 옹달샘' 명상 치유센터이다. 사람들의 지친 마음을 위로해주는 곳이라 할까. 고도원 작가 선생님의 책을 여러 권 읽으며 진한 감동도 받았다.

이제 작은 나의 꿈이 있다. 바로 그 곳의 명상 센터를 찾아가 침식하며 휴양림을 즐기고픈 마음이 실현되리라 믿는다.

며칠 전 TV에 방영된 고도원의 생활 명상이 기억에 남는다. 그는 들숨과 날숨의 호흡법을 소개했다.

"걸으면서 호흡을 통한 명상을 하세요. 가쁜 호흡 20분 이상을 하면 세포가 건강해 집니다. 이것이 생활 명상입니다. 우리의 삶 전체가 명상입니다."

내 자신을 점검해 본다. 운동 부족의 요인으로 건강을 잃지 말아야 하겠다. 복식 호흡을 하면서 동시에 걷기 운동을 하는 내 본연의 건강한 모습을 떠올려 본다.                    2018.6.8.금

017

# 주여, 제 마음에 진실함을 주소서!

"모든 지킬 만한 것 중에 더욱 네 마음을 지키라
생명의 근원이 이에서 남이니라"(잠4:23).

"주여 진실하게 하소서.
오늘 하루 하루 순간을 주가 주신 힘으로 승리하기 원하네.
주여 나를 진실하게 하소서."

며칠 전 월요일 밤에 일어난 사건은 나의 분명한 실수였다. 무엇보다 내 마음을 주님의 말씀을 새기면서 절제 했어야 했는데 말이다. 그런 의미에서 오늘 오후에 부르는 이 복음성가가 내 마음을 두드린다.

'주여 진실하게 하소서'라는 고백이 나의 기도 제목이 되었다.

진실의 반대는 거짓과 위선, 아양거림, 떠보기라 해도 과언이 아닐 것이다. 내가 힘들게 하는 일을 돕지 않는다는 이유만으로 '마음 떠보기' 시험을 한 것이다. 그것도 사랑하는 딸에게… 결국 나는 한순간 혈기를 부리고 말았다.

주님께 회개하며 간절한 기도로 소원을 간구했다. "주여, 제 마음에 진실함을 주소서!"라고…                    2018.6.19.화

# 서울 스카이 전망대에서

**"무릇 자기를 높이는 자는 낮아지고
자기를 낮추는 자는 높아지리라"**(눅14:11).


모처럼 잠실 롯데몰을 찾았던 어제 오후였다. 우리나라에서 최고 높은 빌딩인 '서울 스카이 전망대!' 총 123층의 고층 건물에서 내려다보는 시가시의 선경은 어떠할까.

그러나 여름 장맛비가 쏟아지는 첫날이었다. 나는 사랑하는 막내딸이 내 손에 쥐어준 무료 입장권을 날려 버릴 수가 없었다. 며칠 전 어느 박람회장에서 경품권 당첨으로 받은 한 장의 티켓이다. 그도 그럴 것이 6월26일 까지가 마감이니 말이다.

안개가 자욱한 123층의 창가에 앉아 인삼차를 마셨다. 이곳에 올 수 있는 기회를 주신 주님께 감사드리며, 긍정의 마음으로 사방을 내려다보았다. 아무것도 안 보였다. 뿌우연 안개만이 물 흐르듯 뒤엉켜 있었다.

한 순간 나는 성경 말씀이 떠올랐다. 바벨탑 사건… 그렇다. 사람들은 더 높아지려고 명예, 지위, 건물로 더욱 욕망을 추구해 간다. 안개와 같은 마음의 얼룩을 지우고 겸손히 자아를 낮추는 자에게 주께서 높여 주신다는 진리를 터득했다. 　　　　　　　　　　　2018.6.27.수

# 에덴의 동산

"여호와 우리 주여 주의 이름이 온 땅에 어찌 그리 아름다운지요 주의 영광이 하늘을 덮었나이다"(시8:1).

"산자락 나지막한 / 구메구메 / 풀 뜯는 소떼들
청아하게 여울진 / 움직임 마다 딸그랑 딸그랑 / 비단결 산줄기 너머
호숫가를 맴도는 저 바람소리
흰 구름 하늘 / 자잘하게 피어난 꽃들 / 자연의 나라 스위스
프론 알프스 톡 / 설렘으로 오르내리는 곳 / 여기가 혹 천국일까
나"(자작시)

어젯밤부터 시작된 12시간의 긴 여행길이었다. 효심 가득한 딸들(소현, 성은) 덕분이랄까. 10일 동안의 휴가를 받은 두 딸들과 함께 난 스위스로 향했다. 꿈에도 그리던 동화 속의 나라에 발을 딛고 보니, 마치 내가 알프스 소녀 하이디가 된 느낌이다.

우리 세 사람은 하룻밤의 피로를 풀고, 흰 눈이 덮인 알프스 산에 올랐다. 시상이 저절로 떠올랐다. 역시 스위스는 에덴의 동산 자연의 나라다.

우리 가족의 심신을 치유해 주신 주께 감사드린다.　　　2018.7.1.주일

# 그 은혜 아니면

"우리가 알거니와 하나님을 사랑하는 자 곧 그의 뜻대로
부르심을 입은 자들에게는 모든 것이 합력하여 선을 이루느니라"

(롬 8:29).

"생각할수록
추억할수록
당신이 아니시면

그 은혜 아니면
원하는 대로
말하는 대로

이제껏 살아오면서
이루지 못한 것이 없고
이런 사랑
받아도 되는지요

기내 안 자욱한 감동
눈시울이 붉어집니다."
(자작시: 그 은혜 아니면)

나의 왼쪽 무릎에 통증이 오기 시작한 지도 벌써 한 해를 넘겼다. 지난 달 중순부터는 오른손 검지 손가락의 끝 마디까지 욱씬 거렸다.

스위스에서의 7일과 이탈리아의 2박3일 여행으로 10일간의 가족 여행이 오늘로 마감하는 날이다. 행여나 여행 도중에 무릎에 이상이 올까 싶어 기도하며, 지인들과 교구 목사님, 위임 목사님에게도 중보적 기도를 부탁했는데 다행히도 이렇게 고국에 도착했다.

얼마나 감사한지.

두 딸들에게 특히 고마움을 느낀다. 칠순이 되려면 3년 후가 되는데, 그 땐 엄마의 무릎이 알프스 산 하이킹에 무리가 된다며, 이번 여름으로 앞당겨 나의 소원을 이뤄줬으니 말이다.

나는 돌아오는 기내 안에서 '그 은혜 아니면'이란 시를 쓰며 눈물을 흘렸다. 생각하고 말하는 대로 사랑의 응답을 기적같이 행해 주시는 하나님의 은혜가 넘쳐났기 때문이다. 내 평생 잊지 못할 추억일지니.

2018.7.9.월

# 마테호른 산을 떠올리며

**"믿음은 바라는 것들의 실상이요
보이지 않는 것들의 증거니"**(히11:1).

이탈리아에서의 여러 성당들이 기억난다. 비록 이틀간의 여행이었지만 웅장하게 지어진 건물들의 고풍스러움이 세밀하게 드러났다. 밀라노의 두오모 성당이 있는 광장에는 사람들로 쉴 틈이 없었다.

미술관을 관람했는데 레오나르도 다빈치의 마리아 수태 그림은 복음서의 말씀을 연상하게 했다. 무엇보다 '최후의 만찬' 성화를 바라보면서 울컥하기도 했다. 마치 주님이 내 곁에 계신 것 같았다. 아픈 무릎을 오기로 참아가며 성당 꼭대기까지 올라간 쾌감은 경험자만이 느끼는 만족도일 것이다

두 나라의 유럽 여행을 다녀온 지도 벌써 두 주간이 지나갔다. 하지만 아직도 내 마음과 몸, 영성으로 남아있는 현존의 모습은 무엇일까. 바로 스위스의 체르마트 마을이 있는 마지막 민박집에서의 추억이다.

우리가 마지막 날 아침에 테라스에서 머얼리 보이는 마테호른 산의 정상을 보았을 때, 그 환희와 감격을 잊을 수가 없다. 안개로 덮여 안 보였던 산 봉우리가 드러나 빛을 발하고 있지 않는가.

그렇다. 우리 삶에도 의심의 안개만 사라지면, 금 같은 믿음의 실체가 보이는 것이다.

2018.7.24.화

# 샘 같은 단잠의 삶

"여호와가 너를 항상 인도하여 메마른 곳에서도 네 영혼을 만족하게 하며

네 뼈를 견고하게 하리니 너는 물 댄 동산 같겠고

물이 끊어지지 아니하는 샘 같을 것이라"(사58:11).

폭염의 한 가운데에 있는 우리 나라의 여름! 111년만의 무더위로 열대야의 밤이 계속되고 있다. 이제 입추도 지났으니 서서히 조석으로 시원한 바람이 일렁이지 않을까 싶다. 에어컨과 선풍기로 단잠을 청하지만 숙면에 이르기는 역부족이다.

나는 내 나름대로의 '건강 지키기' 생활에 돌입했다. 지난 5월부터 지금의 8월에 이르기까지 15회 이상의 한의원 진료를 받아왔다. 8체질 중에 수양체질인 나는, 체질침과 체질에 맞는 발효 한약과 보약을 꾸준히 섭취해오고 있다. 왼쪽 무릎의 통증 완화를 위한 매선 침도 맞았다.

이른 아침 단잠에서 깨어나 체중기에 두 발을 올려놓았다. 이게 웬일인가? 거의 3kg 가까이로 체중이 빠져 있는 것이었다. 갑자기 미체담 한의원의 강 원장님과 상담해주시는 김 실장님의 말씀이 생각났다.

체질식의 소식과 물을 제때에 마셔야 하는 것, 무엇보다 자정 이전에 취침에 임하는 충분한 수면 생활의 지침대로 따른 것이 큰 유익이 아닌지.

2018.8.9.목

# 근력 운동의 도전

**"끝으로 너희가 주 안에서와 그 힘의 능력으로 강건하여지고"**
(엡6:10).

긴 27일 만의 열대야가 해소된 새벽을 맞았다. 신선한 이른 아침의 공기가 이렇게 반가울 수가… 말복이었던 어제 저녁엔 모처럼 영양 닭죽을 만들어 밥상에 올렸다. 마침 퇴근한 두 딸과 함께 둘러 앉아 먹는 저녁 식탁이 얼마나 즐거웠는지 모른다. 온 가족이 주 안에서 영·혼·육의 강건함을 이루며 살아간다는 것, 그것이 곧 행복 중의 행복일 것이다.

여름을 마무리하는 지금까지 에어컨과 선풍기를 달고 살았다 해도 과언이 아니리라. 그러나 사철의 변화에 따른 계절의 자연적 섭리는 하나님이 운행하고 계시지 않는가. 아무리 온난화에 따른 기상 이변이라 해도 말이다.

봄과 여름, 가을과 겨울을 몸소 경험할 수 있게 하시는 주님께 무한 감사드린다. 이젠 다가오는 가을을 생각하면서, 내가 급선무로 실천할 일이 생각났다. 약화된 왼쪽 무릎의 관절 건강을 위해 근력 운동에 힘써야 하겠다.

매일 매일 조금씩 지속적으로 운동할 작정이다. 내 자신과의 약속이다.

2018.8.17.금

# 산 소망의 하나님이 좋은 것으로

**"너희가 악한 자라도 좋은 것으로 자식에게 줄 줄 알거든 하물며 하늘에 계신 너희 아버지께서 구하는 자에게 좋은 것으로 주시지 않겠느냐"**(마7:11).

　며칠 동안 나는 TV의 화면을 보며 얼마나 깊이 눈물을 쏟았는지 모른다. "인내는 연단을, 연단은 소망을 이루는 줄 앎이로다"라는 로마서 5장의 말씀이 생각난다. 그렇다 '남북 이산 가족 상봉'의 경사가, 북한의 '금강산 이산 가족 면회소'에서 이루어지고 있는 중이다.

　남북의 가족들은 3시간 가량 금강산 호텔에서 오붓한 개별 상봉 시간을 가졌다고 한다. 1·2차로 만남의 순서를 갖게 된 제21차 이산 가족 상봉 행사도 내일 오후 1시엔 다 마쳐진다. 그러나 어쩌랴. 피차간에 이별을 맛본 가족들은 기약도 없는 세월을 얼마나 그리워하며 보고파 할까. 아니 아직도 만나지 못하고 있는 남북의 가족들이 많이 남아 있다는 이 절박함을 무엇으로 풀어야 할는지…

　나는 소망을 갖는다. 살아계신 하나님은 우리 나라에 엄습한 제19호 '솔릭'이라는 태풍도 적은 피해로 물러가게 하셨다. 분명 머지않아 남북의 자유로운 가족 간의 소통이 원활하게 이루어 지리라 믿고 기도한다.

　이 민족의 상흔이 치유되는 화합의 그 날이 꼭 올 것이다.

2018.8.25.토

# 감사할 이유를 찾을 때

**"주께서 내게 응답하시고 나의 구원이 되셨으니**
**내가 주께 감사하리이다"**(시118:21).

이른 아침 말씀을 상고하며 큐티를 하다가 감동의 예화를 발견했다. 어느 날 도로가에 차를 세운 채 타이어를 교환하고 있을 때, 만취한 운전자가 청년의 차를 정면으로 받았다고 한다. 그 사고로 그는 한 순간에 두 다리를 잃었다. 병문안을 온 지인들에게 간증하는 그의 고백에, 모두가 신선한 충격을 받았다고 한다.

"하나님께서 제 목숨을 구해 주심으로 살아있음을 감사드립니다. 두 다리를 잃고 의족을 달며 살아가게 되었지만, 가장 소중한 생명을 구원해 주셨으니 감사 밖엔 없습니다."

나는 내 자아를 점검해 보았다. 그동안 가진 것에 대해 감사하기 보다, 잃은 것에 시선을 두고 불평했던 내 자신을 주님께 회개했다.

본 교회에서의 가을 부흥 성회가 엊그제로 마쳐졌다. 우리 교회의 위임 목사님 만큼이나 온유하신 모습의 손 목사님! 하나님의 영에 감동이 된 요셉의 인격을 말씀하셨다. 직분과 경험보다 뛰어난 성령의 속 사람으로 거듭나야 하겠다.                    2018.9.7.금

# 찬양의 향기를 발하는 나날

> "항상 우리를 그리스도 안에서 이기게 하시고
> 우리로 말미암아 각처에서 그리스도를 아는 냄새를
> 나타내시는 하나님께 감사하노라"(고후 2:14).

"저 장미꽃 위에 이슬 아직 맺혀 있는 그 때에
귀에 은은히 소리 들리니 주 음성 분명하다.
주님 나와 동행을 하면서 나를 친구 삼으셨네.
우리 서로 받은 그 기쁨은 알 사람이 없도다" (찬송가 442장)

미국의 복음 찬송 작가인 마일즈가 작사, 작곡한 '저 장미꽃 위에 이슬'이라는 찬송가를 나는 무척이나 자주 부른다. 어제 저녁 수요예배 시간에 아가페 찬양대에서 주님께 올린 성가가 바로 이 찬송가였다. 나는 가사를 음미하며 뜨거운 영감의 감동에 사로잡혔다.

요한복음 20장에 기록된 막달라 마리아가 이른 새벽에 부활하신 예수님과의 첫 만남, 그 환희의 감격을 똑같이 느꼈다는 작가의 환상을 나 역시도 받았으니 말이다.

늘 찬양의 향기를 진동시키는 나의 일상이 되기를 소원한다. 좋으신 하나님께 감사, 영광 돌린다.

2018.9.13.목

# 가족과 함께 먹고 즐기는 명절

**"이에 일어나 먹고 마시고 그 음식물의 힘을 의지하여**
**사십 주 사십 야를 가서 하나님의 산 호렙에 이르니라"**(왕상19:8).


어제까지 5일 간의 한가위 추석 명절이 즐겁게 마쳐졌다. 오늘 아침 두 딸들은 각자의 일터인 회사로 출근했다. 소현! 성은! 하나님이 창세 전부터 허락하신 금쪽보다 더 소중한 딸들이다. 우리 세 사람이 함께 했던 명절 휴일의 흔적들을 되짚어 본다.

첫날인 토요일엔 발산역 근처의 극장에서 '안시성'이라는 제목의 영화를 감상했다. 적군의 두목을 한판 대결로 정복한 주인공 배우가 조인성이었다. 나는 그 순간 두 인물이 성경에서의 다윗과 골리앗으로 연상되어짐을 경험했다. 역시 살아계신 하나님은 약한자를 강한자로 들어 쓰시는 좋으신 아버지 하나님이시다. 가슴 찡하게 남아 있는 은혜의 영화 관람이 아니었는지…

1박2일간의 호텔 예약으로 주일 예배를 마친 후, 장충 체육관 근처의 풀만 호텔에서 짐을 풀었다. 엄마의 피로를 풀어 주겠다는 두 자녀의 배려에 감사할 뿐이다.

그동안 먹고 마신 음식들을 떠올려 본다. 선물 받은 송편과 푸짐한 견과류, 잡채, 식혜, 불고기, 과일과 샐러드, 만두 등 헤아릴 수 없을 정도다. 날씨도 너무 좋았다. 가족과 함께한 '소확행'의 순간들이었다.

2018.9.27.목

# 주의 거룩한 산 제물로

"그러므로 형제들아 내가 하나님의 모든 자비하심으로 너희를 권하노니

너희 몸을 하나님이 기뻐하시는 거룩한 산 제물로 드리라

이는 너희가 드릴 영적 예배니라"(롬12:1).

10월 첫날 아침이다. 이 한 달의 삶을 한 끼 아침 금식 기도로 주님께 맡긴다. 내 몸을 하나님이 기뻐하시는 거룩한 산 제물로 늘 드려지기를 소망한다. 9월의 마지막 날이자 끝 주일이었던 어제! 주일 설교 말씀이 지금도 생생하다. 그리고는 교회 옥상의 하늘 공원, 그곳에서의 우리 세 사람 모습이 주마등처럼 떠오른다. 찬양대원으로 연합된 두 분의 권사님들이 사랑스럽다.

마르다 보다 마리아의 편을 택하여 "한 가지 만이라도 족하다"라 말씀하신 예수님의 말씀이 실천 되어진 날이라 할까. 우리는 짧은 시간 속에서도 말씀과 기도의 나눔, 나무와 꽃들을 배경삼아 함께 사진도 찍었다.

막 사는 삶이 아닌 절제된 마음의 평정심을 지니고, 연합하는 성도 간의 삶이 얼마나 아름다운지를 실감한다. 고통에서 평강의 은혜를 주시는 주님의 숨결을 느꼈다. 오직 주님께 영광을 돌린다.    2018.10.1.월

# 가을 모기와의 사투

"게으른 자여 네가 어느 때까지 누워 있겠느냐
네가 어느 때에 잠이 깨어 일어나겠느냐"(잠6:9).

완연한 가을 날씨라고 좋아했다. 말이 살찌는 계절이니 이젠 밤마다 잠도 잘 사겠다 싶었다. 그런데 며칠 전의 기억이 잊혀지질 않는다. 가을 모기와의 전쟁을 했다고 해도 과언이 아니다. 뒤척이다가 끝내 밤샘을 하고 말았다.

그래도 다행인 것은 파리채로 벽지에 붙어 있는 모기를 때려 박살낸 것이다. 내 몸을 습격한 혈흔이 묻어났다. 계피향의 영향인지는 몰라도 나는 모기 한 마리를 새벽에서야 죽일 수 있었다. 통쾌했다.

파리채에 묻은 검붉은 피를 닦아내는데, 갑자기 갈보리 언덕의 십자가가 떠올랐다. 양손과 양발에 박힌 대못으로 붉은 보혈을 쏟아내셨던 예수 그리스도! 내 생명을 위해 사랑의 헌신을 이루신 은혜에 가슴이 먹먹했다.

'내가 너무 육신의 삶에만 안일했나?' 누워만 있지 말고, 잠들기에만 급급하지 말고 깨어 기도해야 하겠다. 모기를 통해 교훈을 주신 주님께 감사드린다. 2018.10.12.금

# 사랑의 동기로 드리는 강청기도

**"너희가 악할지라도 좋은 것을 자식에게 줄 줄 알거든**
**하물며 너희 하늘 아버지께서 구하는 자에게**
**성령을 주시지 않겠느냐 하시니라"**(눅11:13).

"나 약해 있을 때에도 주님이 함께 계시고, 나 소망 잃을 때에도 주님은 내게 오시네.
나 시험 당할 때에도 주님이 지켜 주시고, 나 실망 당할 때에도 주님이 위로 하시네.
주님 만이 내 힘이시며 오 주님 만이 날 도우시네.
오 나의 주님 내 아버지여. 오 나의 주님 내 사랑이여."

성찬 주일인 오늘, 은혜의 성찬 예식을 드렸다. 예배시간에 올린 결단의 찬송 '나 약해 있을 때에도'란 성가의 가사와 곡조가, 어찌나 눈물나게 나를 감동케 하는지 모르겠다. 주님의 십자가 사랑이 내 마음을 촉촉하게 적시었다. 구하고 두드려 찾는 자에게 응답의 성령으로 역사하시는 하나님의 사랑이 감격스럽기만 하다.

해외 치유 성회를 마치고 돌아오신 김의식 위임 목사님! 강단에서 외치시는 그 말씀 말씀이, 그 살아있는 응답의 간증 예화가 내 심령에 레마의 말씀으로 심겨졌다. 무엇보다 사랑의 동기로 드리는 강청 기도의 놀라운 응답의 기도! 주님 만이 참 내 아버지시다.　　2018.10.23.화

# 예수님 믿고 구원 받으세요

"이방인들이 듣고 기뻐하여 하나님의 말씀을 찬송하며
영생을 주시기로 작정된 자는 다 믿더라"(행13:48).

지난 주 수요 밤 '전도 세미나'로 은혜를 끼치시고 가신 김두식 목사님이 생각났다. 세 번째의 저서 《전도불패》란 책을 전달 받으며 사인까지 받았다.

그날 밤 집으로 돌아오면서 내 발걸음은 가벼웠다. '전도 십계명'이라는 주제의 말씀을 받으며, 잠들었던 나의 심령에 전도의 불쏘시개가 지펴진 듯 기뻤다.

야채 가게에 들어서면서 내 입술에서는 "예수님 믿고 구원 받으세요 청년!"하며 대뜸 전도 실천이 이루어지는 것이었다.

예배 시간에 둘씩 짝지어 훈련 받았던 언어가 자연스럽게 흘러나왔다. "다니다가 말았는데 장사 때문에 못가고 있어요."라는 청년에게 격려의 말을 건네주고 나왔다. 지금도 계속 부식거리 식품을 팔아주며 그를 위해 기도하고 있다.

또 한 가지 좋은 소식이 있다. 며칠 전 한국기독교 문인회 주관으로 1박2일 수양회를 다녀왔는데, 그곳에서 만난 한 청년 형제님과 대화 중에 우리 교회의 추수 감사절에 행하는 '1118 해피데이' 축제의 초청을 권면했다. 참신한 신앙인이지만, 잠시 멈춘 상태란다. 기꺼이 참석하겠다고 응해주셨다. 다음 주일이 기다려진다.                2018.11.15.목

# 현숙한 자의 수면관리

**"밤이 새기 전에 일어나서 자기 집안 사람들에게
음식을 나누어 주며 여종들에게 일을 정하여 맡기며"**(잠31:15).


행복은 느낌의 감정 상태가 아닌 우리 자신의 의식적인 선택이라 했다. 오늘 최선을 다하는 삶의 주인공을 잠언 31장에서 발견했다. 현숙한 여인은 밤이 새기 전에 취침의 자리에서 일어난다고 밝혔다. 일찍 기상하려면 늦도록 불면의 밤을 지새는 어리석음에서 벗어나야 한다.

미래를 걱정하든지, 지나간 과거를 되씹고 괴로워하는 불확실성의 불안감을 떨쳐 버려야 할 것이다. 그런 의미에서 하나님께서 주신 한 날 한 날의 하루를 가치 있고 보람되게 보내는 것이 최상이라 믿는다.

내 삶을 점검해 본다. 때때로 무거운 아침을 맞을 때가 있다. 지난밤에 숙면을 취하지 못했을 땐 어김없이 찾아오는 증상이었다. 건강관리 중에서도 가장 급선무는 만족한 수면관리가 아닐까. 이젠 너무 늦지 않게 잠자리에 임하려 한다. 낮에도 이삼십 분 정도의 짧은 수면을 취하려 한다.

주께서 내게 허락하신 사명에 충성하기 위해서도 건강은 필수이기 때문이다.

2018.11.20.화

# 훈련기간 버티어 내기

**"내 육체와 마음은 쇠약하나 하나님은 내 마음의
반석이시요 영원한 분깃이시라"**(시73:26).


오늘 새벽에 묵상한 시편의 말씀이 얼마나 힘과 위로가 되는지 모르겠다. 날씨가 쌀쌀해지면서 내 몸의 지체 중에 연약한 부위는 더욱 힘을 잃게 되는 것 같다. 무릎도 시큰거리고 손목도 통증을 느낀다. 모두 다 왼쪽이다.

왼쪽 손목의 골절로 수술한 때도 4년이 되어 간다. 수술 후유증일까. 아직도 무거운 물건을 들면 버겁다. 혈액순환 장애인지 오른손과 비교해서 살펴볼 때, 왼 손의 손바닥과 손등에 자잘한 주름이 가득한 것을 발견하게 된다. 어쩌랴. 내가 감당할 책임의 건강 문제이니 말이다.

어제는 명동의 연합회관에서 개최하는 '건강강좌'에 참석했다. 의료전문의의 강의와 여러 운동요법, 간단한 건강 체크도 받았다. 혈압이 다소 높았고, 체성분 검사에서는 체지방이 높았다. 혈당 검사는 정상이었다. 근육량도 좋은 편이었다. 나의 신장에 비례해서 체중은 7kg정도 감소시켜야 하겠다.

이제 시작되는 겨울의 3개월을 규칙적인 운동과 식이요법으로 훈련시킬 작정이다. 잘 버티어 내리라. 건강관리의 일인자로 살리라.

2018.11.28.수

034

# 주일 점심을 나누는 헐몬 스카이라운지에서

**"날마다 마음을 같이하여 성전에 모이기를 힘쓰고
집에서 떡을 떼며 기쁨과 순전한 마음으로 음식을 먹고"**(행2:46).

주일 낮 3부 예배의 찬양대 자리는 '할렐루야 찬양대'에서 서게 된다. 어제는 12월 첫 주일로 구주 강림절 예배로 드렸다. 오후 2시가 되면 치유하는 교회의 5층 식당으로 찬양대의 대원들이 주로 늦은 점심 식사를 하게 된다.

내가 선호하는 식사 좌석은 바로 둥근 홀로 만들어진 헐몬 스카이라운지이다. 어제도 역시 따끈한 밥상을 받아 점심을 맛있게 먹었다. 내 앞엔 211목장의 일원인 김권사님과 모처럼 함께하는 점심으로 의미 있는 시간이 되었다. 그 옆으로 드리워진 테이블마다 성도들의 식탁 나눔의 소리, 목장 모임의 화목함이 은혜로 다가온다.

식사를 마치고 나서 주위를 살펴 보았다. 오늘도 역시 창가 근처의 테이블에 앉은 709-3목장 가족들이 앉아 도란 도란 이야기꽃을 피우고 있었다.

나는 갑자기 가슴이 찡해지는 느낌을 받았다. 4년 전 함께 터키와 그리스 성지순례를 다녀왔던 김집사님 부부! 목자가 되어 목원들을 매 주일 저렇게 섬기고 계신다. 그 모습이 얼마나 은혜로운지…

주님께서도 기뻐하실 것이다. 초대교회의 성도들이 성전에 모여 함께 음식을 나누지 않았는가. 주여! 우리 목장도 분발하게 하소서. 아멘.

2018.12.3.월

# 편백 황토 온열 침대

**"너는 고페르 나무로 너를 위하여 방주를 만들되
그 안에 간들을 막고 역청을 그 안팎에 칠하라"**(창6:14).

나는 요즘 편백나무에서 발산하는 피톤치드 향기에 관심도가 깊어
졌다. 나무나 돌, 흙에 대해서 늘 생각이 많았었다. 지금의 시대처럼
미세먼지와 황사가 심각한 환경에서 매 순간을 숨 쉬며 살아가다보니,
외출할 때면 마스크 착용이 급선무다. 조금만 게을리하면 이내 목이
따갑기 때문이다.

공해가 난무하는 삶의 한 가운데서 우리 인간이 건강하고 쾌적하게
생활하는 지혜가 필요하다고 생각한다.

노아에게 방주를 만들도록 명령하신 여호와 하나님의 창세기 말씀
이 떠올랐다. 내 자신의 건강과 안전을 생각해 보았다.

이제 지금 살고 있는 등촌동에서의 빌라 생활도 겨울과 함께 마침표
가 되는 것 같다. 여기서 멀지 않은 김포의 신축 아파트로 입주할 때가
임박했기 때문이다.

우리 가정을 향하신 주님의 인도하심에 그저 감사할 따름이다. 지금
껏 사용하고 있는 고무나무 2층 침대도 이별할 시간이 다가온다. 다음
의 새로운 내 집 장만의 침실에서는 분명 편백 황토 온열 침대를 애용
할 작정이다.

2018.12.18.화

# 절제하며 기다리는 인내

> **"이기기를 다투는 자마다 모든 일에 절제하나니
> 그들은 썩을 승리자의 관을 얻고자 하되
> 우리는 썩지 아니할 것을 얻고자 하노라"**(고전9:25).

지난 수요 예배 때의 말씀이 생각나는 오늘이다. 전세 계약금을 받기 위해서는 세입자가 속히 나타나야 하는데, 오늘도 방을 보러 온다는 약속이 깨졌다. 벌써 몇 번씩 왕래하는 사람들과 실내를 보여주며 전세 계약이 해결되기를 기대하고 기다리는 실정이다. 그래! 기다리자! 차분히 절제하며 인내하자!

그 수요 밤의 설교 제목이 '기다림의 신앙'이었다. 또한 내가 응원하며 중보적 기도로 후원하고 있는 청년부 담당 전임 전도사님께서 첫 번 강단에 서서 설교하신 날이기에, 더욱 기억이 생생한 것 같다. 이기기 위해서 절제하고 기다리는 지혜가 내게 필요하다.

17년 만에 서울에서의 삶을 청산하고 경기도의 새 아파트에서 살게 되는 우리 가족이다. 그러니 두세 달이 연장되더라도 성령님께 기도하며 기다리련다.

전 전도사님이 모진 고난과 절제, 인내의 삶으로 오늘의 신실한 목회자가 된 것처럼, 나의 삶도 매 순간 성실하게 살아갈 것이다.

이 대림절 은혜의 달에 주님 오심을 기다리고 기대하며…

2018.12.20.목

# 영안이 열린 예루살렘의 딸

**"예수께서 말씀하여 이르시되 네게 무엇을 하여 주기를 원하느냐 맹인이 이르되 선생님이여 보기를 원하나이다"**(막10:51).

2019년의 신년 축복 성회가 오늘 밤으로 마쳐진다. 신천 교회의 원로 목사님이신 송용걸 강사님의 말씀은 힘이 넘치신다. 또한 첫날부터 어젯밤 수요예배의 말씀까지 심령 골수를 쪼개는 간증과 외침의 말씀이셨다.

예레미야 애가(2:11-16)를 읽으며, 눈물의 선지자 예레미야의 절규가 바로 나를 향한 주님의 소망이심을 깨달았다. 그렇다. 내 자신이 바로 구경꾼, 지나가는 자로 살아온 것이다. 이젠 예루살렘의 딸인 주님의 신부로만 살아가고 싶다.

소경 바디메오가 자신의 소원인 눈을 뜨게 된 것 뿐만 아니라, 영안이 열린 자로 거듭나 예수님을 따르는 자로 변화되었다. 나 역시도 주께 부르짖어 불쌍히 여김 받는 영안이 열린 그리스도인으로 살아가고 싶다. 소망의 꿈을 지니고 기도하면 분명 기적을 체험하리라. 은퇴 이후에도 현재 부산에서 노숙인들을 위한 교회를 개척하고, 이삼백 명의 성도들로 부흥의 역사를 이뤄가시는 송 목사님이 너무 존경스럽다.

"자신이 달라지지 않으면 해가 바뀌어도 소용없다."라는 말씀이 아직도 내 심장을 두드린다.                                          2019.1.3.목

# 덕을 세우는 자의 언행

"우리 각 사람이 이웃을 기쁘게 하되
선을 이루고 덕을 세우도록 할지니라"(롬15:2).

나의 영혼과 육신을 강건케 이끄는 삶의 원동력이 무엇일까를 오늘 생각해 보았다. 역시 교회 생활을 꼽지 않을 수가 없다. "하나님이 아버지가 되시니, 교회는 어머니의 품과 같다"라는 말씀으로 은혜를 끼치신 정귀석 목사님의 미소진 모습을 잊지 못하겠다.

제직 헌신 예배를 드리며 나는 많은 도전을 받았다. '하나님을 기쁘시게, 사람을 행복하게'라는 주제의 말씀은 누구보다 주께서 내게 주시는 말씀으로 받았다.

가장 마음의 충격으로 다가온 것은, 교회의 직분자가 함부로 자녀나 지인들에게 목회자를 비판하는 과오를 범한다는 사실이다.

특히 바른 삶의 인격자로 자라갈 자녀들 앞에서 교회 험담을 한다는 것, 이것은 바로 그 자녀를 부정적인 이미지로 자녀를 이끄는 핵심이라는 단점을 지적하셨을 때, 아멘으로 고백했다.

내 자신은 어떤가? 지난 송구 영신 예배를 마치고 나오며, 나는 덕을 세우는 언어에 대한 말씀을 뽑았다. 나부터 새롭게 덕을 세우는 자로 시작해야 하겠다.

2019.1.11.금

# 승리자의 관을 얻기까지

**"경기하는 자가 법대로 경기하지 아니하면**
**승리자의 관을 얻지 못할 것이며"**(딤후2:5).

며칠 전 감동 깊게 관람한 독립 영화 한 편이 기억에 남아있다. 바로 '말모이'이다. 어린 남매를 데리고 사는 김판수! 유해진 배우가 그 인물로 나온다. 한글의 소중함, 우리 나라의 각 지역에서의 고유로 사용해 오던 사투리까지 말의 소중함을 깨닫게 하는 영화가 아닐 수 없다.

처절한 서러움 속에서 우리의 선조들은 이름까지 제대로 못쓰고, 짓밟혀 사는 희생의 값을 치루며 살아왔다. 내가 비록 그 시대를 지나 태어났지만, 생각만 해도 가슴이 아리다.

끝내 조국을 위해 경기장에서 피눈물과 목숨까지 희생한 우리의 선조들 덕분에, 지금 우리 나라는 선진국 대열에서 잘 살고 있는 것이 아닌가.

나는 그 때 영화가 끝나도록 눈물을 감출 수가 없었다. 맘대로 말하고 글도 쓴다. 맘대로 이름 짓고 책도 낸다. 이젠 몸과 마음, 영혼을 다해 주께 죽도록 충성할 사명만 남았다. 　　　　　　　　2019.1.29.화

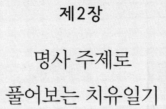

제2장

명사 주제로
풀어보는 치유일기

# 인내

> "인내를 온전히 이루라 이는 너희로 온전하고
> 구비하여 조금도 부족함이 없게 하려 함이라 "(약1:4).

'사람이 책을 만든다. 책이 사람을 만든다.' 많이 들어본 명언이다.

새해가 되면서 내가 자주 읽는 책들을 옆에 두고 되새김질을 한다. 큰 힘과 위로가 된다. 무엇보다 성경 한 절 한 절의 말씀은 생명의 오아시스가 아닐 수 없다. 내 영혼과 몸을 온전히 치유하는 은혜의 양식이다.

《나에게 따뜻한 한마디》,《내 인생에 힘이 되어준 한마디》라는 책의 '한마디'에 내 마음이 반했다고 해야 할까.

새해를 시작하는 1월을 보내고, 이제 2월의 중순을 향하는 이 시점에 나는 서 있다. 내 자신을 위한 한마디 명사를 생각해 냈다. 올 한해를 주님의 말씀 속에서 단어를 찾아, 나를 위한 치유의 언어를 묵상하려 한다. 오늘은 야고보서에 있는 '인내'의 말씀을 상고하며 힘을 얻었다. 부족함이 없게 하시려는 하나님의 신실하심에 감사드린다.

거의 반년이 되도록 전세 세입자를 기다리고 있지만, 더 좋은 안식처를 위해 인내 훈련을 갖게 하시는 주님의 뜻을 기다리련다.

2019.2.12.화

041
# 장막

**"그는 너희보다 먼저 그 길을 가시며 장막 칠 곳을 찾으시고**
**밤에는 불로, 낮에는 구름으로 너희가 갈 길을 지시하신 자이시**
**니라"** (신1:33).

"높은 산이 거친 들이 초막이나 궁궐이나, 내 주 예수 모신 곳이 그
어디나 하늘나라."

'내 영혼이 은총 입어'란 제목의 찬송가 3절 가사가 내 마음을 감동
시킨다. 초막과 궁궐의 낱말이 장막의 말씀과 연결되면서, 지난 여러
달 동안 숨죽여 왔던 우리 가정의 형편들이 주마등처럼 떠올랐다.

끝내는 며칠 전 막혔던 문제를 해결 받았다. 전적인 주님의 은혜다.

이제 오는 3월 중순 이후가 되면, 그렇게도 소원했던 새 아파트로
이사를 하게 되니 말이다. 김포의 풍무동에 위치한 '꿈에그린'아파트
다. 비록 교회와의 거리는 약 30분 정도가 더 멀어졌지만, 내 집에서
두 딸들과 함께 맘 편히 살 수 있다는 사실에 감사하기만 하다.

우리의 부르짖는 기도에 응답해 주시는 살아계신 하나님 아버지께
영광 돌린다.

주 예수님 모신 곳이 하늘나라가 아닌가. 감사만 하며 살아도 부족
하다. 2019.2.22.금

# 이불

"그는 자기를 위하여 아름다운 이불을 지으며
세마포와 자색옷을 입으며"(잠31:22).

내가 거처하게 될 풍무동에 왔다. 한 달 전에 주문한 편백 황토 온열 침대를 배달 받았다. 잠언의 마지막 장을 읽으면서 이불을 떠올렸다. 현숙한 여인은 자기를 위해서도 아름다운 이불을 짓는다고 했다.

흔히 침대라 하면 매트리스를 생각한다. 그런데 자칫 쿠션이 엉성한 잠자리에서 하룻밤을 보낼 경우, 허리의 통증을 호소하는 사람들을 발견하게 된다. 그동안 여러 날들을 살아온 나의 경험에서도 자세의 불균형으로 인한 통증을 인지했기 때문이다.

옛날의 우리 선조들은 어떤 생활을 했을까?

몇 권의 책을 읽고 느낀 결과 딱딱한 평상에서의 취침과 건강을 주목하지 않을 수 없었다. 또한 전자파의 위협을 고민해야 했다.

아직 새 아파트에 입주할 이사 날은 2주 이상 남았다. 지금은 오래 사용했던 낡은 가구들과 이별하고 새 가구들로 실내를 장식 중이다.

쪽잠을 잤다. 포근한 담요와 이불도 되는 편백나무 침대에서 처음으로 피톤치드 향을 맡았다. 2019.2.28.목

# 미세먼지

"광명이 어느 길로 뻗치며 동풍이 어느 길로 땅에 흩어지느냐"(욥38:24).

며칠 동안 거실의 창문을 열지 못했다. "외출을 자제하고 마스크를 착용하라"는 안내 문자가 매일 뜨는 실정이다. 뿌연 안개 같은 미세 먼지가 온누리를 덮었다. 미세 먼지와 초 미세 먼지가 극심한 상태나.

미세 먼지는 안구 건조증을 유발시키고, 결막염까지 일으킨다고 한다. 비염, 기침 등의 호흡기 질환을 발생시킨다. 더 심각한 문제가 있다. 미세 먼지가 바로 1급 발암 물질로 규정 되었다는 사실이다. 쾌적한 수면을 방해하는 요인도 된다고 한다.

한순간 나는 깨끗한 바람에 대해서 생각해 보았다. 성경의 욥기서에도 기록된 동풍을 떠올리지 않을 수가 없다.

중국 발 스모그가 유입되면서 서울 등 전국에 '초 미세 먼지 주의보'가 내려졌다. 꽃샘 추위로 인한 찬 바람이 미세 먼지들을 몰아가길 기대해 본다. 봄비도 촉촉하게 내려지길 소망한다. 동풍의 청결한 바람이 어서 속히 불어오길 주님께 기도로 아뢴다. 무공해 공기가 그립다.

2019.3.7.목

# 단식

> "내가 기뻐하는 금식은 흉악의 결박을 풀어 주며 멍에의 줄을
> 끌러 주며 압제당하는 자를 자유하게 하며 모든 멍에를 꺾는 것이
> 아니겠느냐"(사58:6).

《먹고 단식하고 먹어라(브래드 필론)》라는 간헐적 단식에 관한 책을
어제 택배로 받았다. 5년 전 TV의 SBS스페셜에서 간헐적 단식의 해법
으로 제시했던 바로 그 책이다.

나는 시간 제한의 다이어트를 한 달 전부터 실천하고 있는 중이다.
하루 24시간에서 12시간의 공복 상태를 유지하는 것이 핵심이었다.
야식의 유혹을 벗어날 수 있다는 장점을 발견했다.

그럼에도 불구하고 60kg을 초과한 나의 체중은 별로 변화가 안보였
다. 1년 전부터 발병된 무릎 통증의 완화를 위해서라도, 나는 체중 관
리에 소홀할 수가 없었다. 최상의 바람이 있다면 55kg에서 57kg이면
좋겠다. 아니 내 신장에 비유해서 60kg까지만 머물러 있어도 다행이
겠다. 날씨가 궂게 될 경우엔 무릎 통증과 모든 관절의 무거운 느낌으
로 분별이 된다.

어젯밤과 오늘 새벽까지 책 한 권을 거의 다 읽었다. 어제 저녁 6시
부터 24시간 단식에 들어갔다. 오늘 저녁 6시면 마친다.

어차피 고난주간의 때다. 금식 기도의 소중함을 깨닫는다. 매주 1회
실천의 단식으로 건강해 지려고 노력하는 중이다.　　　2019.3.12.화

## 045
# 집

> "여호와께서 집을 세우지 아니하시면 세우는 자의 수고가 헛되며
> 여호와께서 성을 지키지 아니하시면 파수꾼의 깨어 있음이
> 헛되도다"(시127:1).

2019년 3월 18일 월요일에 드디어 이사를 했다. 큰 딸의 아파트 청약 신청으로 마련한 소중한 집이다. 그동안 여주에서는 단독으로 지어진 전원 주택에서 20년 이상 살았다. 이제는 서울에서 딸들과 함께 생활한 지가 20여 년이 되어간다.

월세와 전세의 삶에서 해방시켜 주신 우리 하나님께 무한 감사와 영광을 돌린다.

김포의 풍무동에 위치한 '꿈에그린 더 포레듀'아파트다. 25평형의 아늑한 방 세 개와 적당히 넓은 거실, 두 개의 화장실이 있다. 우리 집은 502동에 위치해 있다.

오늘 나는 딸들과 같이 10분 거리에 있는 주민 센터에 가서 전입 신고를 했다.

비록 섬기는 교회는 다소 멀어졌지만, 멀리 트인 곳으로 논밭이 보이고 햇살이 잘 드는 남서향 집이라 맘에 들었다.

그동안 애타게 기다린 인내의 끄나풀을 벗고 보니, 행복한 감사가 두 배로 몰려온다.                                                    2019.3.25.월

# 질병

"나사로가 병들었다 함을 들으시고
그 계시던 곳에 이틀을 더 유하시고"(요11:6).

미세 먼지와 초 미세 먼지로 인해 외출할 때면 꼭 마스크를 쓰고 다녔다. 내 나름대로 병에 걸리지 않도록 노력하고 있었다. 그러나 나는 결국 감기 몸살로 열흘 째 고생을 하고 있다.

이 사순절 절기에 말씀과 기도, 전도로 힘써야 하는데 말이다.

지난 해부터 집 문제로 여러 달을 초 긴장 속에서 지내왔다. 이제야 새 아파트로 옮겨져 안정을 찾았는데, 온 몸의 통증과 면역력 저하로 인해 몸 관리에 집중할 때가 되었다. 무슨 일이든지 무리하면 이상이 생긴다는 사실을 다시 한 번 깨달았다.

용각산과 판콜에이, 트러블이 생긴 입술 부위에 바를 연고도 구입했다. 큰딸의 도움으로 하이리빙에서 선전하는 '라파402 레이저 치료기'도 주문 받았다.

집에서 열심히 물리치료와 식이요법, 스트레칭 등의 운동을 반복하고 있다. 적당한 거리의 산책으로 도보 운동도 겸하고 있다.

그러나 내 영혼과 육신의 참 관리자는 주님이심을 믿는다. 내 주님께 모든 것을 맡긴다.

2019.4.9.화

047
# 버림받음

**"그는 멸시를 받아 사람들에게 버림 받았으며**
**간고를 많이 겪었으며 질고를 아는 자라"**(사53:3).

성 금요일이다. 내 죄를 위해 끝내 십자가 형틀에 매어 달려 죽으셔야 했던 예수 그리스도!

해마다 찾아오는 사순절 절기의 절정기인 종려 주일과 부활 주일 사이의 성 금요일만 되면, 나의 온 몸과 마음이 한없이 먹먹해짐을 외면할 수가 없다.

이번에도 역시였다. 일주일 동안 아침 한 끼 씩 드리던 금식 기도도 세 번 (주.수.금)으로 축소해서 육체적 기력은 감당할 만 했다.

그러나 이삿짐 정리로 인한 피로와 관절 통증의 휴유증으로 꼭 참석해야 했던 오늘의 본 교회 기도회도 불참할 수밖에 없었다.

성 금요일인 오늘이니 오후 3시를 지나 식사를 마쳤다. 낫지 않는 감기로 인한 기침과 콧물 증세가 입술 부위에 흉터를 남겼다.

밤 9시가 돼서야 왼쪽 발을 절뚝이며 가까운 교회를 찾았다. 5분 거리에 있는 교회가 집 가까이에 있어 다행이었다.

비록 작은 인원의 성도들과 함께 드린 기도회였지만, 강단에서 부르고 외치시는 목사님의 찬송 소리와 설교 말씀은 나의 심령에 잘 박힌 못이 되어 뭉클케 했다.

나를 살리기 위해 버림 받으신 예수님이 느껴져서 말이다.

2019.4.19.금

# 백세 강연

"그런즉 너희는 먼저 그의 나라와 그의 의를 구하라
그리하면 이 모든 것을 너희에게 더하시리라"(마6:33).

"소유보다 하나님의 나라와 의가 더 소중합니다!"

올해가 100세이신 철학 박사 김형석 명예 교수님의 핵심적 주제가 잊혀지질 않는다.

황금 만능주의가 세상을 뒤흔드는 요즘의 시대에서, 우리 젊은이들과 크리스천들이 주목해야 할 귀한 강연의 말씀이 바로 마6:33에서의 '하나님 나라와 그의 의'가 아닌가 싶다.

가치보다 물질적인 소유가 인생의 목표가 될 때, 소유가 사라지면 그 인생도 나락으로 떨어질 위험에 놓인다는 것이다.

우리 교회의 새 생명 축제를 부활 주일에 개최했는데, 나는 4부 예배도 참석하여 김형석 교수님의 진지한 강연을 들었다. 그는 1920년 생이시다. 100년의 세월을 성실하고 건강하게 살아오신 분! 모두에게 선망의 대상이 아닐 수가 없다.

그의 나이 14살 때 하나님과 약속을 했단다. "내게 건강 주시면 하나님 위해 일 할게요"라고… 그의 마지막 고백이 감동적이다.

"크리스천이 된 것. 이렇게 혼자 남은 것도 주님의 섭리에요."

2019.4.27.토

# 평생 계획

"마땅히 행할 길을 아이에게 가르치라
그리하면 늙어도 그것을 떠나지 아니하리라"(잠22:6).

가정 세미나가 있는 5월의 첫 날 밤 수요 예배 때 받은 말씀이 오늘 생각났다. 내가 소속된 할렐루야 찬양대 알토 파트장으로 수고하는 한권사님의 부친이신 한상휘 원로목사님!

일흔을 넘기신 연세이지만 강단에서익 전하시는 말씀은 청년 같이 힘차고 기백이 넘치셨다.

'성공한 성도의 일생'이란 주제의 말씀에도 큰 은혜를 받았지만, "나의 살던 고향은 꽃 피는 산골"이라는 '고향의 봄'을 하모니카로 연주하실 땐 감동 자체였다.

"하늘 가는 밝은 길이"라는 찬송가 연주를 감상하는 나의 마음은 마치 천상에서의 오솔길을 밟는 느낌이었다. 그리고 내 어린 시절의 고향 뒷동산 밤나무골도 문득 떠올랐다.

"하루의 계획은 그날 새벽에 있어요. 한 달의 계획은 그달 첫 날에 있지요. 1년의 계획도 그 해 첫 달, 첫날에 있답니다. 여러분! 사람의 평생 계획은 어릴 때 있는 것입니다."

많은 책을 저술하시고 하루 수면 5시간의 주인공이신 한 목사님은, 참 행복한 분이시라고 여겨짐을 믿어 의심치 않는다.　　　　2019.5.7.화

# 입주예배

"범사에 감사하라 이것이 그리스도 예수 안에서
너희를 향하신 하나님의 뜻 이니라"(살전5:18).

서울에서 생활하면서 월세, 전세로 여러 번 옮겨 다니며 이사한 경험들이 한순간 스쳐 지나갔다. 그리고 오늘! 모처럼 청약 신청으로 내집이 된 새 아파트의 입주 심방 예배를 드리는 날을 맞이한 것이다.

주님께 먼저 감사와 찬양, 영광을 올려 드린다.

위임 목사님과 2교구 목사님, 211목장의 목원들이 함께 모여 예배를 드렸다. 감개무량하기만 하다. 머리 둘 곳도 없으셨던 주 예수님을 생각하면, 주님께 송구스러우면서도 그저 감사의 눈물만 맺혀질 뿐이다.

25평의 방 세 개가 있는 아늑한 우리집!

'김포 풍무 꿈에그린 더 포레듀' 아파트가 맘에 든다. 이미 주님이 예비해 주신 선물이다. 우리 집의 가호가 된 살전5장(16-18)의 말씀을 전달하신 김의식 위임 목사님! 역시 참 영성의 일인자가 아니신지 놀랍다.

그렇다. 이젠 이 장막에 살면서 항상 기뻐하고 쉬지 말고 기도하며, 범사에 감사할 일만 남았다. 사랑하는 두 딸인 소현, 성은이와 함께…

2019.5.10.금

# 사랑

**"자녀들아 우리가 말과 혀로만 사랑하지 말고 행함과**
**진실함으로 하자"**(요일3:18).

지난 부부 주일 예배 때 김의식 위임 목사님을 통해 다시 듣게 된 간증 예화의 말씀이 지금도 내 가슴에 남아있다.

나 역시도 한 달 전 '고난의 아주 특별한 밤' 화요 성회 담당으로 오셨던 조현용 목사님의 실제 간증을 잊지 못하고 있었기 때문이다. 반복해서 듣는 간증의 내용을 안 밝힐 수가 없다.

목포의 '빛과 소금 교회'를 담임하고 계시는 조 목사님의 사모님이 어느 날 감기 증세 비슷한 병증으로 고생을 하셨다고 했다. 일본까지 가서 진료를 받고 이곳 저곳 큰 병원의 치료를 받았지만, 이미 말기 암 판정을 받은 사모님은 마지막 코스인 호스피스 병동으로 옮겨질 수밖에 없었다고 한다.

어느 날 목사님이 병실 침대의 사모님을 안아주며 "나는 당신의 목소리만 들어도 행복해요"라고 속삭였다 한다.

며칠 후 말도 못하게 된 사모님을 응시하며, "나는 당신이 말 못해도 날 바라보는 것만으로도 행복해요"했더니, 사모님이 눈물을 흘리시더란다.

며칠 후 임종직전 "난 당신의 숨결을 느끼기만 해도 행복해요"의 고백을 하셨다고 한다. '내 주를 가까이'의 찬송을 부르며 주 품으로 떠나보낸 사모님을 향한 조 목사님의 절절한 사랑의 속삭임… 영영 못 잊을 것 같다. 이것이 바로 주님의 사랑이다. 　　　　　　　2019.5.28.화

# 교회 오빠

"내가 주께 대하여 귀로 듣기만 하였사오나
이제는 눈으로 주를 뵈옵나이다"(욥기 42:5).

이호경 감독의 기독 다큐멘터리 영화인 '교회 오빠'가 지난 5월부터 상영하기 시작했다고 한다. 김포 롯데몰에 있는 영화관에서 딸들과 함께 '기생충'이라는 화제작 영화를 감상했던 지난 주말이었다. 그런데 마침 롯데 시네마에서 아직도 상영 중인 '교회 오빠'에 대한 소식을 듣게 된 것이다.

'교회'라는 용어에 매력이 끌려 찾아간 곳이 가양역 근처의 영화관이었다. 어제 오후에 나는 찬양대 짝꿍인 조 권사님과 두 분의 권사님, 네 사람이 나란히 앉아 영화를 관람했다.

욥과 같은 인생을 살다 주님 품에 안긴 고 이관희 집사님! 그의 아내 오은주. 어린 딸 이소연…

단란했던 가정에 갑자기 찾아온 슬픔의 소식들이 죽음, 암이라는 고난의 바람으로 찾아왔다.

나는 사경 속에서 고통을 감내하면서까지 주님께 자신이 좀 더 온전해지기 위해 기도와 말씀을 묵상하며 생명을 이어간다는 이 집사님. 진정한 주 예수님으로만 사는 주인공의 믿음에 감탄하지 않을 수 없었다.

내게 소중한 은혜를 주신 주님께 감사로 영광 돌린다.　　2019.6.5.수

# 삼행시 기도문

"너희는 이 세대를 본받지 말고 오직 마음을 새롭게 함으로 변화를 받아

하나님의 선하시고 기뻐하시고 온전하신 뜻이 무엇인지 분별하도록하라"(롬12:2).

보통 그 사람의 이름 석 자를 주제로 해서 삼행시를 짓게 된다. 주님께서 내게 주신 지혜를 이야기 한 것이 동기가 된 것. 2019년 1월부터 '삼행시 기도문'을 매월 작성하고 있다.

본 교회의 주일 예배 중에 3부(12시 30분)로 드리는 할렐루야 찬양대! 벌써 11년째 알토에 소속되어 섬기고 있다. 달마다 맞게 되는 대원들의 소중한 생일을 기도문 형식으로 말씀을 받아 이름에 대한 삼행시를 짓는다.

매월 첫 주에 조 총무님이 생일자들 명단과 함께 삼행시 기도문을 낭독하시며 생일 축하의 시간을 마련하신다.

얼마나 고맙고 감사한지 모르겠다.

지난 5월 스승의 날엔 우리교회 목사님들과 사모님들을 위한 삼행시를 작성하고 코팅하여 전달해 드렸다. 우리 목장의 목원들에겐 작은 액자에 끼워 선물했다. 아가페 찬양대에도 소속되어 있기에, 이달부터는 아가페 찬양대 대원들께도 삼행시를 써서 핸드폰 단톡방에 올려 드리기 시작했다.

주께서 기뻐하신다면 무엇인들 못 섬기랴.　　　　　　　2019.6.14.금

# 선교 부흥회

**"또 그의 이름으로 죄 사함을 받게 하는 회개가 예루살렘에서 시작하여 모든 족속에게 전파될 것이 기록되었으니"**(눅24:47).

　교회 설립 50주년 선교 부흥회 및 선교 대회가 엊그제 금요일로 마쳐졌다. 부산 장신대 총장이신 허원구 목사님을 강사님으로 초빙하여 뜨거운 선교 열정의 말씀에 큰 은혜를 받았다.

　낮 시간에는 치유하는 교회에서 파송 받은 선교사님들의 감동어린 선교 보고의 시간을 가졌다. 나도 금요일 오후에 있는 유럽 선교사님들의 선교 보고 및 간증을 들을 수 있었다.

　특히 몇 년 전에 뵙던 내 이름과 똑같은 김명환 선교사님 부부를 만난 것이 기뻤다. 작년에 딸들과 스위스를 여행했을 때 못 뵙게 되어 아쉬웠는데, 주님의 응답으로 믿고 감사드린다. 그리고 우리 교회의 부목사님으로 계셨던 이동호 선교사님 부부도 뵐 수 있어서 기뻤다. 말레이시아 선교로 충성하시는 부부 선교사님이시다.

　그 외의 여러 나라에서 생명 바쳐 주의 복음 전파에 충성하시는 선교사님들의 모습이 감계무량하다.

　부족하지만 작년에 발간된 책인 《샘물이 되리라》의 에세이집을 선교사님들께 드릴 수 있어서 얼마나 다행인지 모르겠다. 또한 받은 말씀에 순종하는 심정으로 부산 장신대 학생 장학금 후원서 작성에도 참여했다. 모두가 주님의 은혜다.　　　　　　　　　　2019.6.30.주일

# 보물

"네 보물 있는 그곳에는 네 마음도 있느니라"(마6:21).

이 달의 첫 주일인 7월 7일은 우리 화곡동 치유하는 교회가 설립된 지 50주년 기념 주일로 지켜졌다. 그러면서 맥추 감사주일 예배로도 드렸다. 나는 김의식 위임 목사님의 강단에서의 말씀과 간증을 들으며, 심령의 뜨거운 감동을 받았다.

희년의 50년을 맞는 이 은혜의 교회에서 내 자신이 12년째 신앙생활을 하고 있다는 것 자체가 얼마나 감사한 일인지 모르겠다. 마태복음 21장의 '주가 쓰시겠다 하라'의 말씀을 마음 깊이 새기며, 진정 쓰임 받는 내 자신인지를 점검받는 계기로 삼았다.

선교 보고 대회에서 현재 100여 명의 선교사님들을 파송하게 된 역사에 우리 하나님도 기뻐하셨으리라 믿는다. 20년 째 본 교회를 예수님처럼 겸손히 낮아져 주의 사랑으로 치유 목회에 전념하시는 위임 목사님! 주님 십자가의 헌신과 인내로 오늘의 새 성전을 건축하며, 많은 성도들을 의의 길로 인도 받게 하신 주님께 감사와 영광을 돌린다.

보물을 생각해 보았다. 썩지 않는 하늘의 보물이 우리 마음에 있다 했다. 마음과 몸, 물질, 재능까지도 온전히 주께 쓰임 받는 내가 되길 기도드린다.

2019.7.9.화

# 봉선화

**"밭을 살펴 보고 사며 자기의 손으로 번 것을 가지고 포도원을 일구며"**(잠31:16).

이곳 김포의 풍무동에서 생활하고 있는 시간도 벌써 달수로 4개월이 되었다. 5단지에 위치한 꿈에그린 아파트가 낯설지 않고 점점 정이 들어가는 것만 같다고 할까.

거실 창문으로 들어오는 햇살과 바람, 그리고 머얼리 시원하게 트인 논밭의 푸른 잎들이 얼마나 상쾌하게 느껴지는지 모르겠다.

내방의 창문을 열고 4층 아래의 어린이 놀이터와 텃밭을 바라보면 기분이 좋다.

지난 5월 초부터 가꾸게 된 텃밭이 너무나 정면으로 잘 보인다. 화원에서 모종으로 사다 심은 채소들이 제법 잘 자라고 있다. 퇴비도 구입해서 뿌려주고 거의 날마다 물을 준다.

영양부추, 토마토, 고추, 치커리, 들깨, 봉선화 등의 야채가 초록빛을 발하며 시새워 커가고 있다. 벌써 상추와 토마토, 고추는 몇 번 따다 먹었다.

문방구에서 씨앗으로 사다 뿌린 봉선화!

봉숭아라고도 부르는 꽃이 만개했다. 어린 시절을 그리워하며 두 번째 물들일 손톱을 다듬고 있다.                                  2019.7.18.목

# 어린 아이

> "그러므로 누구든지 이 어린 아이와 같이
> 자기를 낮추는 사람이 천국에서 큰 자니라"(마18:4).

어제 주일 예배 시간에 위임 목사님의 예화 말씀이 생각났다. 나 역시도 지난 수요 예배 때 많은 감동과 은혜를 받았기 때문이다. 가장 젊은 층의 삼일, 삼이 여 전도회가 연합하여 드렸던 헌신 예배였다.

목사님께서도 그날 밤 '요게벳의 노래'라는 복음성가 특송에 눈물까지 흘리셨다고 했다.

강사 목사님의 말씀인 '누가 주인인가'라는 주제와 동일한 의미의 영적 은혜의 뮤지컬 찬양이었다.

두 달 이상의 기간 동안 한 시간의 헌신 예배를 위해 준비한 여 전도회 회원들에게 박수를 보낸다. 하나님께서도 얼마나 기뻐하셨을까 싶다.

몇 달 전 아가페 찬양대에서도 불렀던 이 찬양의 가사 중에, "너의 참 부모이신 하나님 그 손에 너를 맡긴다"의 고백이 감동이다. 어린 갓난 아이 모세와 나일강, 그 모습을 기도로 하나님께 맡기는 어머니 요게벳이 아련하게 그려진다.

역시 어린이는 겸손의 상징, 천국의 상징이다.

요즘 핫한 TV에서의 '수퍼맨이 돌아왔다'에서도 어린 아이들이 대세다. 특히 건후의 옹알이와 손짓은 예술이다.　　　　　2019.7.29.월

제3장

원예를 통한
치유일기

# 반 평 텃밭 가꾸기

**"눈물을 흘리며 씨를 뿌리는 자는 기쁨으로 거두리로다"**(시126:5).

내 집 장만의 꿈이 실현된 곳이 바로 두 딸들과 함께 현재 살고 있는 꿈에그린 아파트이다. 5단지에 위치한 풍무동이 점점 정들어 가는 것 같다. 경기도 이천에서 자랐던 내 동심의 삶이었는데, 다시 노년의 생활이 경기도로 옮겨진 것이다.

모든 것을 인도하시는 주님께 감사드린다.

거실 밖의 푸른 나무들 사이로 논밭이 보인다. 차들이 지나가는 외길, 이따금씩 아파트 건물 위를 지나는 비행기들 모두가 아름다운 정경들이다. 사방이 막힘없이 뚫려 있는 시원한 우리 집이 맘에 든다.

봄부터 배정 받아 가꾸는 반 평의 텃밭이 생겼다. 9개의 사각형 모양으로 예쁘게 만들어진 텃밭에는 각자가 좋아하는 채소들이 자라고 있다. 내가 심은 고추와 토마토는 많은 결실을 맺었고, 이제 다른 작물을 심기 위해 일찍 뽑아버렸다. 남겨진 방울 토마토도 곧 수명을 다하여 뽑아버릴 생각이다.

텃밭지기 농부가 된 내 마음은 매우 기쁘고 행복하다. 비록 한 평 텃밭의 절반인 반 평 농사지만, 이 치유의 만족은 대단하다.    2019.8.9.토

# 씨 뿌리는 자의 비유

**"더러는 좋은 땅에 떨어지매 어떤 것은 백배, 어떤 것은 육십 배, 어떤 것은 삼십 배의 결실을 하였느니라"**(마13:8).

예수님이 말씀하시는 '씨 뿌리는 자의 비유' 예화는 유명하다. 네 종류의 땅에 씨를 뿌리게 되는데 길가, 돌밭, 가시떨기, 옥토라 불리우는 좋은 땅이 있다. 우리 각 사람의 영혼도 얼마나 깨끗하고 기름진 마음밭이 되어 하나님의 말씀을 잘 받아들이는가를 점검 받게 되는 비유의 말씀이 아닌가 싶다.

또한 그 말씀대로 삶에 적용할 때 열매의 결실을 얼마나 맺게 되느냐가 중요하다고 믿는다.

내 마음 밭은 좋은 땅의 옥토일까 아닐까.

이 텃밭을 가꾸면서 더욱 주님의 마음을 조금은 헤아리게 된 것 같다. 나의 손가락과 엄지발가락에 물이 든 봉숭아는 내가 직접 씨를 뿌려 가꿔서 꽃 피우고 자란 잎새들로 두 번 물들인 결과물이다.

방울 토마토와 들깻잎, 풋고추, 치커리와 상추도 한 여름 여러 번 따다 먹었다. 완전한 무공해 채소들이다. 영양 부추도 아직 열심히 자라고 있다. 그런데 이변이 생겼다. 엊그제 나가서 텃밭을 보니 배추 싹 세 포기가 심겨졌다. 그 옆엔 작은 열무의 새싹들이 올라오고 있었다.

어렴풋이 짐작이 갔다. 누가 뿌려놓은 새싹들인지를…   2019.8.19.월

# 가을 텃밭을 기대하며

*"그러므로 우리는 기회 있는 대로 모든 이에게 착한 일을 하되 더욱 믿음의 가정들에게 할 지니라"*(갈6:10).

이젠 제법 조석으로 시원한 바람이 불어와 열대야로 힘겨웠던 한 여름은 서서히 꼬리를 감추는 듯 싶다. 초가을의 9월이 바로 다가왔으니 세월이 유수와 같다는 말이 실감이 난다.

오늘도 난 버릇처럼 창문에 서서 아파트의 어린이 놀이터 옆에 만들어진 텃밭을 바라 보았다. 4층 높이에서도 여린 채소의 푸른 잎들이 무성하게 보였다. 나의 눈은 곧 내가 심어 놓은 맨 앞줄의 텃밭에 시선을 돌렸다. 그리고 그 옆의 텃밭도 살펴보았다. 그러면서 한 달 전의 일들이 생각났다.

어느 동에 사시는 아파트 주민인지는 아직 모른다. 두 분 부부를 그동안 각각 한 번씩 뵌 적이 있다. 그럼에도 인상 깊은 기억이 있다. 지난 7월 초순쯤 일 것이다. 마침 만나 뵙게 된 주부인 그분은 내게 상추와 풋고추를 따가라고 권해 주셨다. 저녁 밥상에서 맛있게 먹은 상추쌈의 기억이 아직도 남아있다.

뿐만 아니라 내가 심지도 않은 상추도 심어 주셔서 감사 했는데, 어린 배추와 열무씨까지 뿌려주신 것이다. 너무 고맙다. 무엇으로 보답해 드려야할지…

2019.8.30.금

# 교회 옥상 하늘공원

"땅이 풀과 각기 종류대로 씨 맺는 채소와 각기 종류대로
씨 가진 열매 맺는 나무를 내니 하나님이 보시기에 좋았더라"
(창1:12).


어제는 9월의 첫 날이자 첫 주일이었다. 5층 홀에서 백 권사님과 함께 점심 식사를 했다. 식사할 때 마다 늦도록 먹는 습관이 있어 주로 혼자 먹게 되는 경우가 많다. 그럼에도 불구하고 동석해 주신 권사님께 감사한데, 할렐루야 찬양 연습을 마친 후에도 나의 요청을 들어 주신 권사님께 얼마나 고마운 마음을 느끼는지 모르겠다.

오늘 오후에 어제 '교회 옥상 하늘 공원'에서 폰에 담은 사진들을 감상했다. 권사님이 찍어주신 나의 상반신은 맨드라미 꽃잎 속에서 미소 짓고 있었다.

맑은 가을 하늘은 흰 구름이 뭉게 뭉게 솜털처럼 피어 올랐다.

이 하늘 공원인 6층 옥상에 올라오면 나의 영혼과 육신이 다 치유 받는 느낌이다.

천국의 모형이 아닐까.

머루 포도 덩굴과 꽃 사과 나무, 채송화 꽃 옆의 꽃잔디, 백일홍과 장미꽃들이 시새워 푸르고 아름답게 피어 오르고 있었다.

어제의 행복한 경험을 오늘 다시 새겨 보았다.                    2019.9.2.월

# 실내 공기정화 식물

"우리가 선을 행하되 낙심하지 말지니
포기하지 아니하면 때가 이르매 거두리라"(갈6:9).

우리 집 실내의 거실과 두 딸들의 방 창가에는 다육이 식물인 스투키가 잘 자라고 있다. 나의 방엔 스투키 뿐만 아니라 아레카 야자, 여인초, 황금죽, 미니 다육이 식물들이 푸른 동산을 만들어가고 있다.

염좌 식물은 특히 거실 창가에 옮겨 놓았다. 여름을 지나면서 자꾸 잎이 떨어지는데, 햇빛과 통풍, 물주기에 정성을 들여야 할 것 같다.

권사님과 장로님 댁에서 선물 받은 식물도 무리 없이 커가고 있다.

심고 거두는 일에 있어서는 때가 중요하다는 것을 깨달았다. 어제 텃밭에 가서 물을 주며 흙을 살펴 보았다. 며칠 전에 뿌린 부추 씨가 싹이 났는지… 가을 장마와 태풍 탓인지 거의 싹이 안 보였다. 그런데 한 곳에서는 아주 작은 푸른 새싹들이 몽글 몽글 뭉쳐 올라오고 있었다. 너무 신기하고 기뻤다.

심은 대로, 뿌린 대로 거둔다는 주님의 말씀이 떠올랐다.

오늘 저녁엔 한 달 만에 물을 주게 되는 스투키들과 이야기 나눌 생각이다.

2019.9.10.화

# 추수 때까지 함께

　

**"둘 다 추수 때까지 함께 자라게 두라 추수 때에 내가 추수꾼들에게 말하기를 가라지는 먼저 거두어 불사르게 단으로 묶고 곡식은 모아 내 곳간에 넣으라 하리라"**(마13:30).

　

　

어제가 추분이었다. 이젠 태풍도 지나갔다. 오늘은 하늘도 청명한 전형적인 가을 날씨다. 바람이 푸른 나뭇 잎새와 가지들을 살랑 살랑 흔들어 준다.

엊그제 마트에서 구입한 쪽파 모종을 심기 위해 작은 호미와 물통, 준비물들을 텃밭으로 옮겼다. 아직도 들깨와 치커리, 영양 부추는 잘 자라고 있다.

가지고 온 호미로 마른 땅을 뒤엎으며 식물에 북을 주었다. 비어있는 땅에 쪽파를 심었다. 이미 사 놓았던 열무 씨앗도 늦은 감이 있으나 솔솔 뿌리고 흙을 덮었다.

혹시라도 싹이 나지 않을까 싶어서다.

"추수 때까지 함께 자라게 두라"는 성경 말씀이 생각났다.

가라지와 곡식! 나는 가라지인가 곡식인가?

이 텃밭에 채소 식물을 가꾸면서, 주님의 마음으로 내 자신을 점검해 본다. 한 달 남짓이 되면 밭의 곡식이나 채소들을 거의 다 추수하게 된다. 때를 따라 지혜롭게 사는 삶의 소중함을 느껴본다.　2019.9.24.화

# 새 봄의 옥토 결실을 기대하며

**"네가 먹어서 배부르고 네 하나님 여호와께서 옥토를 네게 주셨음으로 말미암아 그를 찬송하리라"**(신8:10).

창가에서 내려다 보이는 푸릇 푸릇했던 텃밭이 이젠 지나간 여름처럼 풍성함이 사라졌다. 두세 개의 텃밭을 제외하고는 가을 추수기를 알리는 듯 누런 빛들로 얼룩져 있다.

나는 계획한 대로 잘 다듬어 놓은 마늘 30여 쪽을 오늘 텃밭에 심기로 했다.

어제 이미 들깻잎과 치커리, 열무를 다 뜯고 캐서 밭 손질을 해 놓았다. 호미로 서너 군데 고랑을 팠다. 구멍을 낸 곳마다 마늘 한 쪽씩 넣고 가볍게 흙을 덮었다.

비록 농사꾼의 기술은 아니지만 다가올 긴 겨울을 그냥 맨 땅으로 놀리기가 아쉬웠기 때문이다.

내년의 새 봄에 새파란 마늘 잎 싹이 보이는 기쁨을 기대해 본다. 부디 옥토가 되어 좋은 결실이 텃밭에서 맺혀지길 소원한다.

가장자리에 아직도 심겨진 영양 부추와 쪽파는 뿌리를 남겨 둘 작정이다.

올 한해 이 텃밭으로 먹을거리를 주신 주님께 감사드린다.

2019.10.10.목

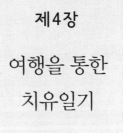

## 제4장

# 여행을 통한
# 치유일기

# 중국(장가게) 여행

**"주의 손으로 만드신 것을 다스리게 하시고 만물을 그의 발 아래 두셨으니"**(시8:6).

여름 휴가를 같은 일정으로 조율한 딸들에게 고마움을 느낀다. 이유는 나 때문이었다.

회갑을 맞은 어머니를 위해 마련한 해외 여행이었다.

나의 여행 경험을 밝힌다면, 30대 때의 신학교 졸업과 대학원 졸업 때 다녀온 동남아(태국, 홍콩, 마카오)여행, 그리고 일본(오사카) 선교여행이 전부였다.

그런데 지금부터 8년 전인 2012년 부터는 올해 2019년까지 얼마나 많은 곳의 해외 여행을 다녀왔는지 모른다. 이 모두가 두 딸들의 효도 덕분이다. 특히 장녀인 소현이의 공이 컸다. 직장 생활을 하면서도 틈틈이 시간을 내서 여 동생과 엄마를 위해 함께 여행 계획을 세우는 모습이 대견스럽고 고맙기만 하다.

그동안 여행을 자녀들과 동행하면서 마음의 치유와 행복감에 젖었던 경험을 짧게라도 일기에 남기고 싶었던 것이다.

장가게! 중국 땅에 처음으로 발을 딛게 된 여행지가 장가게였다는 것이 얼마나 다행이었는지 모른다. 천지산에서의 천 개 계단 오르기. '선녀와 나무꾼' 뮤지컬 감상이 지금도 내내 마음속에 남아있다.

2012.7.

# 대만(타이완) 여행

**"지면에는 꽃이 피고 새가 노래할 때가 이르렀는데**
**비둘기의 소리가 우리 땅에 들리는구나"**(아2:12).

지금부터 4년 전 춘 3월의 기억이 먼저 떠오른다. 두 자녀와 함께 하루 코스로 '광양 매화 축제'에 다녀온 생각이 난다.

섬진강의 맑은 물줄기를 타고 걷다 보면 홍쌍리 여사님의 매화 농원이 보인다. 매화꽃 내음이 아직도 가시지 않는 듯 그 때가 그립다.

그리고 무엇보다 잊혀지지 않는 장장 12박13일 간의 성지순례를 터키, 그리스로 다녀온 때(2013.10)가 생생하게 마음속에 저장되어 있다.

우리 치유하는 교회의 주관으로 행해진 행사였다. 이 성지 순례 기간에 날마다 쓴 여행 일기는 별도로 소개하려 한다.

매화 축제 행사의 때가 봄이었는데, 같은 해 여름인 8월에 우리가족 세 식구는 휴가를 내어 대만으로 여행을 떠났다. 3박4일간의 여행이었다.

이번에는 자주 여행을 하는 소현이의 지혜로 가이드가 없이 가보고 싶은 곳들을 여행했다.

타이완 시가지의 나뭇가지들이 떨어진 채 태풍으로 인해 거리에 쌓여있는 곳을 질주했던 기억이 난다. 땀을 식히는 망고 빙수 맛의 일미, 그 해변가의 전경은 환상적이었다.

2015.8.

# 강원도(대관령, 청평) 여행

"땅과 거기에 충만한 것과 세계와 그 가운데에 사는 자들은
다 여호와의 것이로다"(시24:1).

무척이나 더위가 극성을 부렸던 그 해의 여름이 잊혀지질 않는다.
이번에도 직장의 여름 휴가를 같은 날자로 잘 선정한 두 딸들과 함께
1박2일의 피서지를 택했다.

언제나 아름다운 곳인 강원도의 대관령 양떼 목장과 청평의 허브 나
라를 세밀하게 관람했다. 날씨도 좋고 더위마저 씻겨 주는 듯한 바람
이 시원했다.

아늑한 민박집에 우리의 짐들을 풀었다. 먼저 준비해 온 부식들로
점심 식사를 마치고는 청평의 허브 나라로 향했다. 천국에 온 듯한 허
브 꽃들의 향기가 유혹하는 곳에서 가족 사진도 많이 찍었다.

헤아릴 수 없는 화초들이 감탄사를 발하게 하는 곳이다. 데이트 장
소로 딱이었다.

그 다음 날엔 대관령 양떼 목장을 향해 떠났다. 4계절 내내 인기 많
은 곳이라 한다.

양떼들이 푸른 초원에 방목된 채 너무나 여유롭게 어울리고 있다.

먹이주기 체험도 했다. 양들의 엉덩이가 토실 토실했다.

성경 말씀에 있는 양무리 생각이 났다. 풍력 바람 개비가 돌아가는
이곳엘 다시 오고 싶었다. 전통 시장의 감자떡 맛이 그립다.　　2016.7.

# 일본(유후인) 여행

"여호와여 주께서 지으신 모든 것들이 주께 감사하며
주의 성도들이 주를 송축하리이다"(시145:10).


우리 나라에서 제일 가까운 이웃 나라가 일본이다.

지금 생각해보니 벌써 30년 전의 추억이 떠오른다. 대학원 졸업 선교 여행이 일본의 오사카였다.

9박10일간의 선교여행 중에 제일 인상 깊었던 것은 집집마다 놓여진 우상 단지 같은 것들이었다. 예배와 기도 드리며 길 거리로 전도하던 기억이 있다. 꽃 박람회, 후지산 관광, 야외 온천장 등 지금도 선명하기만 하다.

그런데 우리 가족 세 사람이 10년 전부터 일본을 1박2일 코스로 다녀온 경험이 세 번 째가 되었다.

2년 전의 여름에 나는 가족여행으로 유후인을 찾았다. 3,000개가 넘는 일본의 온천이 있다는데, 우리는 긴린코 호수가 아름다운 유후인 마을에서 즐거운 소화행 시간을 보냈다.

숙소에 여장을 풀고 저녁 때 긴린코 호숫길을 걸었다.

하늘의 구름도, 나무들도, 호수의 물살까지 싱그러웠고, 딸들과 함께 카페에서 차를 나누며 행복해 했다.

작은 상점에서의 기념 선물, 와사비맛 과자, 낫또 식사, 개인 온천탕이 잊을 수가 없다.

2017.8.

# 스위스(이탈리아) 여행

"그가 나를 푸른 풀밭에 누이시며 쉴만한 물가로 인도하시는도다"(시23:2).

《알프스의 소녀》라는 동화책의 주인공인 하이디가 나 라고 생각했었던 어린 시절이 있었다. 이렇게 육십 대 후반이 되도록 그 꿈을 포기하지 않은 내가 놀랍다. 나의 간절한 소망을 들어준 두 딸들에게 감사하기만 하다.

스위스! 우린 7월의 더위를 등지고 10박11일 간의 스위스 자유 여행을 떠났다. 얼마나 어린 아이처럼 설레었는지 모른다. 옆에 있는 나라 이탈리아에서도 이틀 밤을 보내고 고국에 도착했던 그 날의 추억들이 아직도 생생하다.

본 교회 성도들과 함께 떠났던 '터키와 그리스 성지 순례' 이후로 가장 인상 깊고 감동받은 여행지가 바로 스위스가 아닌가 싶다.

시편 23편의 말씀처럼 스위스의 산 자락에 피어난 아기자기한 꽃들, 푸른 풀밭, 소떼들, 양떼들의 모습은 천상을 떠올리게 했다.

융프라우 철도를 달리는 기차 여행은 황홀한 경험이었다. 마테호른 산을 바라보며 눈 덮인 그 곳을 실제로 밟고 만져본 것이 꿈만 같았다.

그 호수 벤치에서의 쉼을 뒤로 하고 이탈리아의 두오모 광장, 밀라노에서의 성당이 기억에 남는다. 나의 건강이 허락 된다면 다시 한 번 밟고 싶은 스위스의 알프스 산이다.

2018.7.

# 괌(수족관) 여행

**"공중의 새와 바다의 물고기와 바닷길에 다니는 것이니이다"**

(시8:8).

내 마음 속에 가 보고 싶었던 여행지가 남아 있다면 바로 미국이 아닌가 싶다. 이번 추석 여행으로 '괌 자유여행'이 선택된 것도 나의 주장을 두 딸들이 응해 주었기 때문이다. 미국 영토에 편입된 괌도 한 번 다녀오고 싶었던 곳이었다.

수요일 밤에 떠났다가 주일 새벽에 공항에 도착했다. 우리 가족이 주일 예배 드리기엔 넉넉한 시간이었다.

말로만 듣던 서 태평양의 섬! 괌에는 '언더워터 월드괌'이라는 대형 수족관이 있다. 수중 터널을 거닐며 해양 생물의 물고기들을 바라보는 감격이 이루 헤아릴 수가 없다. 형형 색색의 빛을 발하는 수 많은 물고기들은 아주 행복해 보였다.

하나님의 인간을 향한 사랑에 다시 한 번 감동이 일었다.

나는 딸들의 보호를 받으며 호텔 가까이에 드리워진 하얀 백사장 길을 걸었다. 저녁 노을과 석양, 구름떼가 아주 아름다웠다. 야자수 그늘 아래 해먹과 긴 벤치에 누워 푸른 하늘과 파도 소리를 감상했다.

높은 산을 오르기보다 마트나 로스 등의 큰 백화점 쇼핑을 하기엔, 나 같은 노년의 어르신들이 여행하기 좋은 곳이라 여겨진다. 참으로 행복한 여행이었다.

2019.9.

# 제주도(동백 수목원) 여행

> "여호와께서 그 터를 바다 위에 세우심이여
> 강들 위에 건설하셨도다"(시24:2).

가족 여행으로 다녀왔던 제주도를 2년 만에 다시 가게 되었다. 유난히 여행으로 모든 피로를 날려버리는 큰 딸 소현이의 의견이지만, 특히 내 생일이 겹친 2박3일 간의 제주도 자유 여행을 떠나게 된 것이다. 이렇게 두 딸들에게 효도를 자주 받아도 되는 건지 모르겠다.

12월 9일에 갔다가 11일에 돌아온 제주도 여행은 희비가 쌓인 여행이었다고 말하고 싶다. 12월 10일인 내 생일에 찾은 곳이 '제주 동백 수목원'이었다. 날씨가 얼마나 좋은지 가을 같았다.

요즘 TV에서 '동백꽃이 필 무렵'이라는 드라마가 인기로 막을 내렸다. '동백'이라는 이름이 아름다운 빨간 꽃 동산으로 눈앞에 펼쳐졌을 때, 나는 마치 천국에 와 있는 느낌을 받았다.

지난 번 여행 때는 '곶자왈'을 많이 걸었었다. 이번엔 머물렀던 '제주 항공 우주 호텔'을 중심으로 녹차 밭을 거닐며 사진 찍기에 바빴다.

천제연 폭포의 물줄기가 환상이었다.

과식으로 인해 급히 병원까지 다녀왔지만, 이 경험까지도 지나고 나면 "좋은 추억의 한 순간이었다"라고 고백하게 될 것이다.    2019.12.

제5장

영화를 통한
치유일기

# 동심초(한국영화)

**"그러므로 모든 육체는 풀과 같고 그 모든 영광은 풀의 꽃과 같으니 풀은 마르고 꽃은 떨어지되"**(벧전1:24).

"꽃잎은 하염없이 바람에 지고, 만날 날은 아득타 기약이 없네. 무어라 맘과 맘은 맺지 못하고, 한갓되이 풀잎만 맺으려는고. 한갓되이 풀잎만 맺으려는고." (가곡:동심초)

지금부터 60여 년 전의 기억이 아직도 아련히 남아있다. 나의 첫 영화 감상이 '동심초'였기 때문이다.

농촌 마을의 어린 꼬마 소녀가 서울의 극장에서, 열 살 차이가 나는 셋째 언니와 함께 관람한 영화였다.

자세한 내용은 잘 모르지만 사랑하는 사람과의 이별인 것만큼은 느낄 수가 있었다.

여인이 떠나가는 날엔 흰 눈이 펄펄 내리고 있었다. 그리고 영화가 끝나면서 가곡인 '동심초'의 애절한 노래가 화면에서 사라질 때까지, 나는 슬프다는 생각에 젖어 있었던 기억이 있다. 그래서 그런지 동심초 가곡을 나는 좋아한다.

어떤 의미에서 보면 성경 말씀에도 있듯이 풀의 꽃과 같은 인생의 무상함을 느끼게 된다. 인생은 영화 같다고 하지 않는가.　　2020.1.9.목

073

# 저 하늘에도 슬픔이(한국영화)

**"네 부모를 즐겁게 하며 너를 낳은 어미를 기쁘게 하라"**(잠23:25).

"보일 듯이 보일 듯이 보이지 않는, 따옥 따옥 따옥 소리 처량한 소리. 떠나가면 가는 곳이 어디 메이뇨. 내 어머니 가신 나라 해 돋는 나라" (따오기 노래)

이 영화는 1965년도에 개봉된 한국 영화다. 그 당시에 내가 다녔던 학교가 마장면에 있는 미장 초등힉교였다.

내가 5학년이 되었을 때의 어느 날이 생각난다. 교실 두 개를 하나로 만든 곳에서 우리는 영화를 감상했다. 바로 '저 하늘에도 슬픔이'라는 제목의 슬픈 영화였다. 난 어린 마음에 주제곡인 '따오기 노래'를 들으며 얼마나 흐느껴 울었는지 모른다.

영화 내용을 간단히 밝혀 보려 한다. 이윤복이라는 4학년 어린이는 동생들을 돌보며 노름에 빠져 사는 아버지 밑에서 살아간다. 아버지의 심한 학대에 못 이겨 집을 나간 어머니를 그리워하며 근근이 살아가는데, 담임 선생님이 윤복이의 일기장을 보고 학교에 알리면서 기적이 일어났다. 일기장이 곧 일기책으로 발간되어 나온 것이다.

많은 사람들의 도움으로 그 일기책이 팔렸고, 끝내는 아버지가 변화되어 어머니도 집으로 돌아오는 감동의 영화다. 윤복이의 일기가 어머니를 만나게 되는 행복한 결과를 가져온 것이다. 내 어릴 적 그 고향이 그립다.

2020.1.14.화

# 그린 마일(미국영화)

**"그러므로 이제 그리스도 예수 안에 있는 자에게는
결코 정죄함이 없나니"**(롬8:1).

지금부터 20년 전인 40대 후반기에 감상한 영화다. 아직도 내 마음 속에 남아 있는 생명의 존엄성이 짙게 물들어 있다. 인간의 범죄를 다룬 영화지만 3시간을 초과한 영화 감상이 잠시로 느껴졌다.

사형수와 교도관의 우정이 그려진다. 사람의 생명을 함부로 정죄할 수 없다는 성경말씀이 떠올랐다.

이 영화의 내용을 밝혀본다. 1935년 대 공황기 때의 미국 남부에 있는 '콜드 마운틴 교도소!' 폴은 사형수 감방의 간수장으로 일하고 있다. 그린 마일이라 불리는 초록색 복도를 거쳐 전기 의자에 있는 사형 집행장까지 사형수를 안내하게 된다.

어느 날 장신의 흑인 죄수 '존 커피'를 만난다. 폴은 정성껏 사형수 존 커피를 돌보면서 그의 사랑을 느끼고, 요도염까지 치유 받는 기적을 경험한다.

100살이 넘도록 살아있는 폴이 존 커피를 생각하며 눈물 흘리는 장면에서, 예수님의 사랑을 감지했다.                    2020.1.20.월

# 건너가게 하소서(한국 뮤지컬)

"모세가 죽을 때 나이 백이십 세였으나 그의 눈이 흐리지 아니하였고 기력이 쇠하지 아니하였더라"(신34:7).

국립극장에서 '건너가게 하소서'라는 뮤지컬 공연을 관람한 때를 추억해 보았다. 15년이 지난 2005년도 경으로 알고 있다. 연예인 선교회 10주년의 기념 공연으로 창작된 뮤지컬인데, 지금까지도 중단히지 않고 계속 공연중이란다.

뮤지컬의 내용을 살펴본다면, 이스라엘 백성들이 애굽에서 나와 영도자인 모세를 따라 홍해를 건너는 모습, 40년 광야생활 이후에 가나안 땅으로 향해 가는 여정기가 찬양과 연기로 어우러져 얼마나 큰 은혜가 되었는지 모른다.

특히 임동진 목사님의 모세 역은 나의 마음 속 깊이 뿌리내린 심지가 되었다. 신명기 34장에 기록된 모세의 절규! 가나안 땅을 향한 "건너가게 하소서"의 찬양을 곡조 있는 기도로 외칠 때 자동으로 몸서리쳐 졌다.

그 후 나는 틈만 나면 '건너가게 하소서'란 주제곡을 부르며, 나의 본향 천국을 그리워 하곤 했다.

그 놀람과 설레임은 아직도 유효하다.                    2020.1.21.화

# 타이타닉(미국영화)

**"사랑 안에 두려움이 없고 온전한 사랑이 두려움을 내 쫓나니 두려움에는 형벌이 있음이라…"**(요일 4:18상).

내 마음 속에 큰 감동으로 남아있는 고전의 로맨스 영화가 바로 타이타닉이라 말할 수 있겠다. 22년 전에 개봉 되었을 때 시간을 잊고 흠뻑 빠져서 본 영화가 아니었나 싶다.

그 후에 한 번 더 타이타닉 영화를 감상했다. 그럼에도 불구하고 기회가 되면 다시 찾고 싶은 영화다.

1912년 영국의 초대형 여객선 타이타닉호의 침몰 사건을 배경으로 한 이 영화가 실제적 사건이었다는 것, 그리고 신분의 귀천과 죽음을 초월한 주인공 잭과 로즈의 절절하고 아름다운 사랑의 모습이 나의 마음과 모든 이들의 심금을 울린 것이라 믿어 의심치 않는다.

진정 참 사랑은 두려움이 없다. 그 진실 된 사랑이 두려움을 내쫓는다고 했다. 아직도 내 영혼 깊이 울림의 찬송이 있다. 타이타닉호가 침몰 했을 때 평안한 모습으로 찬송가를 부르며 악기 연주를 하는 악사들이 천사로 보였다. "내 주를 가까이 하게 함은(338장)"의 찬송이 온 하늘과 바다를 은혜로 물들였다.

"꼭 살아야해!"하며 로즈를 풍랑의 바다에서 안아주고 자신이 희생되는 잭!

그는 분명 나를 살린 주님의 손길 같았다.                    2020.2.4.화

# 노트북(미국영화)

> **"사랑은 오래참고 사랑은 온유하며 시기하지 아니하며**
> **사랑은 자랑하지 아니하며 교만하지 아니하며"**(고전13:4).

16년 전인 2004년도에 개봉된 미국 로맨스 영화가 바로 노트북이다. 그 후 2016년에 재 개봉 된 것으로 알고 있다. 이 영화를 감상했을 때의 내 나이가 50대 초반이었다. 그런데도 나는 20대의 여 주인공이 되어 얼마나 감동하고 황홀에 빠졌는지 모른다.

실화를 바탕으로 제작된 노트북! 석양의 아름다운 풍경이 아직도 내 마음에 아른거린다.

17세의 소년 노아와 24세의 앨리는 빈부의 격차를 뛰어넘고 사랑에 빠진다. 설렘과 이별, 아픔의 시련을 인내로 극복해 나가는 노아의 모습, 그리고 앨리의 처음 사랑을 찾아가는 과정이 절절했다.

나는 영화를 감상하는 내내 신랑 되신 주님을 찾아가는 신부로서의 내 자신을 비교해 보았다. 천국의 새 집을 예비해 놓으신 그 사랑의 본향이 있어 행복하기만 하다.

끝내 두 사람은 노년에 이르도록 인내의 사랑을 완성시킨다.

그들은 결국 한 날 한 시 동시에 눈을 감는다.                2020.2.13.목

# 제인 에어(영국영화)

**"그런즉 믿음, 소망, 사랑 이 세 가지는 항상 있을 것인데 그 중의 제일은 사랑이라"**(고전13:13).

2011년도에 개봉된 중세 시대의 멜로 영화 '제인 에어'를 잊을 수가 없다. '세계 문학전집'으로 유명한 소설인 《제인 에어》를 읽었던 때는 훨씬 더 오래 전이었다. 나의 나이가 벌써 60대 후반기에 이르고 보니, 가끔씩 젊었던 시절에 경험한 영화 이야기나 생활의 진한 여운들이 안개처럼 피어 오를 적이 있다.

기회가 된다면 '제인 에어'란 영화를 다시 감상하고 싶다. 내 몸의 근육과 관절은 쇠해 가지만 영혼의 마음은 늙지 않으니 말이다.

이 영화의 줄거리는 논하고 싶지 않다. 다만 주인공인 제인과 로체스터의 무조건적인 사랑에 대해서만 느끼고 감동할 뿐이다. 재물이나 명예, 그 어떤 이 세상의 좋은 것도 다 외면하고 오직 사랑하는 연인을 찾아 떠나는 그녀의 삶이 존경스럽다.

지금의 내게도 영적인 의미에서의 연인이자 신랑 되시는 주님이 계시다. 저 천성의 본향을 향해 끊임없이 한 걸음 씩 앞으로 나아가고 있다. 영화가 마쳐지면서 포용한 두 사람의 모습이 제인의 진한 고백으로 마무리 된다

"당신의 친구, 간호원, 동반자가 되겠어요. 살아있는 한 당신 곁에 있겠어요."

2020.2.18.화

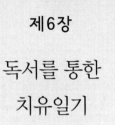

제6장

독서를 통한
치유일기

# 예수라면 어떻게 할 것인가 (1992.8)

**"이를 위하여 너희가 부르심을 받았으니**
**그리스도도 너희를 위하여 고난을 받으사 너희에게 본을 끼쳐**
**그 자취를 따라오게 하려 하셨느니라"**(벧전2:21).

세계 기독교 고전의 책인 《예수라면 어떻게 할 것인가》는 찰스 M·쉘돈 목사님이 지은 신앙 소설이다. 약 30여 년 전에 구입해서 읽은 책인데, 점점 세상이 전염병과 지진, 미혹의 영으로 무너져 내리는 이 시대를 경험하면서 다시 찾아 읽게 되었다.

무엇보다 내 자신이 주 예수 그리스도의 참된 제자로 남아 있기를 원해서이다.

베드로전서(2:21)의 말씀을 곱씹어 본다. 나는 진정 주님 보시기에 합당한 그리스도인인가! 참으로 양심이 부끄러웠다.

그동안 여러 권의 책을 발간했지만, 나의 삶은 성령님의 말하게 하심을 따라 말하고 행하며, 영혼을 온전히 살리고 치유하는 글을 써 왔는지를 질문하지 않을 수 없었다.

내가 출생하기 전에 이미 작고하신 저자 목사님! 그는 기독 교인들의 냉대와 무관심에 큰 충격을 받고 이 소설을 썼다고 한다.

읽을수록 감동이 눈시울을 젖게 한다.

매 순간 물으며 살련다. "예수라면 어떻게 할 것인가?"

성경 다음으로 두고 두고 읽어야 할 고전이다.　　　　2020.3.11.수

# 삼위일체 장수법(1998.6)

"하나님이 이르시되 땅은 풀과 씨 맺는 채소와 각기 종류대로 씨 가진 열매 맺는 나무를 내라 하시니 그대로 되어"(창1:11).

《삼위일체 장수법》이란 건강 서적으로 유명했던 지은이가 안현필 선생님이다.

내게는 20여 년 전에 사서 자주 읽곤 하는 저자의 책이 두 권 더 있다. 《안현필 건강 교실》, 《불멸의 건강 진리》라는 책도 역시 건강에 대한 내용이다.

그러나 공통적으로 강조하는 핵심이 있다. 바로 정신 건강과 하나님을 신뢰하는 영적인 건강의 중요성을 빠뜨리지 않는다. 영혼의 건강이 바로 될 때 육체의 건강도 지켜진다고 하는 저자의 고백!

나 역시도 공감하기에 이 책들에게 애착을 갖는지도 모르겠다.

《삼위일체 장수법》은 제독과 자연식, 운동법을 말하는데, 82세인 저자는 150세 까지도 장수할 수 있다고 자신을 밝혔다.

그러나 안타깝게도 몇 년 전의 교통 사고로 안 선생님은 주님의 곁으로 돌아가셨다.

새싹, 생식, 단식, 현미식, 발효식품 등등 자연식의 주인공처럼, 나도 이 책을 읽으며 자연식의 일인자로 살려한다.　　　　　2020.3.17.화

# 비타민C 박사의 생명 이야기(2005.6)

**"여호와 하나님이 땅의 흙으로 사람을 지으시고
생기를 그 코에 불어 넣으시니 사람이 생령이 되니라"**(창2:7).

서울대 의대에서 해부학과 면역학으로 석·박사 학위를 받은 분을 소개하려 한다. 바로 30여 년 동안 비타민C 연구에 몰두해 오시는 이왕재 교수님이다.

나는 20여 년 전부터 이미 이 교수님의 강의를 들었다.

그리고 《비타민C가 보이면 건강이 보인다》라는 책을 먼저 읽었다. 그러면서 나 또한 비타민C 복용의 실천자로 지금까지 살아오고 있다.

오늘 밝히는 《비타민C 박사의 생명 이야기》는 15년 전에 구입해서 읽었다. 오늘 다시 책장에서 찾아 이 책을 읽으니, 새롭게 깨닫게 되는 창세기(2:7)의 말씀이 떠올랐다.

사람의 생명과 비타민 C와의 관계에 대해서 말이다.

지금도 하루에 비타민 C를 10알 이상 식사 때마다 나눠서 복용하신 다는 이 교수님!

나도 그를 따라 생활하다가 10여 년 전에 기침이 잦던 감기 증세와 기관지의 질병을 치유 받았다. 나 또한 비타민C 전도사가 되었다고 해도 과언이 아닐 것이다.

항암 식품, 혈관 질환의 예방 식품이 되는 이 비타민 C를 감히 자랑하고 싶다.

참 신앙의 사람인 이 교수님이 존경스럽다.               2020.3.23.월

# 나는 죽어도 행복합니다(2005.8)

**"자기 목숨을 얻는 자는 잃을 것이요
나를 위하여 자기 목숨을 잃는 자는 얻으리라"**(마10:39).

"죽으려 하면 살고, 살려 하면 죽는다"라고 선포하시며, '별세 신앙'의 참 주인공으로 사시다가 너무 일찍 주님 품에 안기신 고 이중표 목사님을 잊을 수가 없다.

'별세'에 관한 여러 권의 책들을 발간하셨는데, 이 책은 15년 전에 목사님께서 담낭암 수술을 받으신 후 병상에서 생명 걸고 집필하신 마지막 글 모음집이다.

나는 어제 저녁 늦도록 이 책을 꺼내 다시 정독하면서 끝내 눈물이 아니 날 수가 없었다.

내 자신이 주님께 부끄러웠다.

한신 교회를 섬겨 오셨던 하나님 사랑과 이웃 사랑의 실천자라 부르고픈 존경하는 목사님이시다.

나의 남은 삶이 얼마나 남았는지 모르지만, 이 목사님 같은 심성의 삶을 살고 싶다.

"바위 고개 언덕을 혼자 넘자니, 주님이 그리워 눈물 납니다"로 고쳐 노래하셨던 분!

"주님은 나의 사랑, 나의 행복, 나의 전부이신 분"이라고 신앙고백을 하신 목사님이시다.

"주여! 내게도 이런 당신의 신부가 되게 하소서."          2020.3.27.금

083

# 상한 마음의 치유(2007.3)

**"너희는 모든 악독과 노함과 분냄과 떠드는 것과
비방하는 것을 모든 악의와 함께 버리고"**(엡4:31).

《상한 마음의 치유》란 책을 본 교회 위임 목사님께 선물 받은 지도 벌써 12년 째가 되어 간다. 부산 디지털대학(사회복지학)교 졸업 때, 이 귀한 상담 치유서를 김의식 목사님께 받았다는 사실이 내겐 두고 두고 자랑거리가 아닐 수 없다.

다시 책장에서 꺼내 오늘 읽어보니, 에베소 4장(31-32)의 말씀이 레마의 말씀으로 나를 위로해 주셨다.

내게는 이미 이 땅에 안 계신 아버지의 사랑에 배고팠던 어린 시절이 있었다. 반면에 어머니의 사랑은 하나님 사랑의 그림자라 할까? 지금도 샘 솟듯 그립기만 하다.

《상한 마음의 치유》란 책에서, 상한 감정 버리기, 불쌍히 여기기, 하나님처럼 용서하기의 세 가지 주제를 내 삶의 주제로 여겨 살아오고 있다.

그러므로 아버지에 대한 미운 감정은 사라진 지 오래다.

내 남은 날의 삶은 주님의 온유와 겸손을 닮아가는 삶이다. 위임 목사님의 인격처럼 말이다. 2020.4.9.목

# 방언 기도는 즐겁다 (2007.9)

**"그들이 다 성령의 충만함을 받고 성령이 말하게 하심을 따라 다른 언어들로 말하기를 시작하니라"**(행2:4).

로버츠 리어든 저자의 책인 《방언 기도는 즐겁다》란 문구를 읽는데, 갑자기 지난 40년 전의 20대 시절이 떠올랐다. 그리고 이내 나의 눈시울이 붉어지는 감동을 어이하랴. 방언의 은사를 받기위해 애쓰던 그 때가 생각나서 말이다.

이 책은 13년 전에 구입하여 자주 정독하며 읽곤 한다. 오늘 아침에도 밑줄 친 부분을 더 각인시키며 읽었다.

그간 여러 권의 방언기도에 관한 책을 읽었지만, 번역이 잘 되어 이해하기가 쉬워서 좋았다.

나의 젊었던 시대에는 기도원 성회가 풍성했다. 그리고 방언 기도에 관한 관심도 뜨거웠다. 나는 한얼산 기도원에서 부르짖으며 기도하다가 방언의 은사를 받았다.

지금까지 성령님께서 내게 주신 방언 기도를 아주 자주 즐겁게 사용한다. 특히 집에서 기도할 때다.

요즘은 할렐루야 찬양대 대원들의 생일 때마다 매월(방언기도로 말씀을 받아) 중보적 기도 축시를 선물로 드린다.

내게 방언 기도는 영적인 새 힘을 얻는 무기라 말할 수 있겠다.

방언 기도는 역시 즐겁다.　　　　　　　　　　　　　　2020.4.14.화

# 청중을 깨우는 강해설교(2011.1)

"마리아는 지극히 비싼 향유 곧 순전한 나드 한 근을 가져다가
예수의 발에 붓고 자기 머리털로 그의 발을 닦으니
향유 냄새가 집에 가득하더라"(요12:3).

이동원 목사님의 저서인 《청중을 깨우는 강해 설교》를 다시 한 번 살펴보았다.

성령님의 도우심을 통하여 설교자가 청중들에게 본문의 말씀이 주님의 음성으로 들려지도록, 선포하는 성서적 설교의 형태를 강해 설교라고 믿는다.

이동원 목사님의 강해 설교를 매주 토요일마다 라디오를 통해 들었던 때가 있었다. 나의 30대 후반기였다.

영적인 갈급함에 목말라했던 그때, 미국에서 목회하시던 목사님의 절절한 설교 말씀은 내 영혼을 단비처럼 시원하게 채워 주셨다.

거의 5년 이상의 세월 동안 극동 방송에 심취했다. 특히 요한복음 12장의 마리아 향유의 말씀을 들었을 때, 나는 내 자신의 부족한 모습을 비교하며 얼마나 울었는지 모른다.

그 후 어느 날 목사님께서 한국의 지구촌 교회의 담임 목사님으로 오셨을 때, 난 기쁨으로 찾아가 인사를 드리기도 했다.

하나님께서 귀히 쓰시는 목사님이 존경스럽다.         2020.4.21.화

# 제7장

음악(찬양)을
통한 치유일기

# 갈보리 산 위에

"그들이 거기서 예수를 십자가에 못 박을 새 다른 두 사람도 그와 함께 좌우편에 못 박으니 예수는 가운데 있더라"(요19:18).


"갈보리 산 위에 십자가 섰으니 주가 고난을 당한 표라
험한 십자가를 내가 사랑함은 주가 보혈을 흘림이라
최후 승리를 얻기까지 주의 십자가 사랑하리
빛난 면류관 받기까지 험한 십자가 붙들겠네" (새 찬송가 150장. 1절)

1913년도에 요한복음 3장 16절의 성경 말씀을 묵상하던 중에 작사하고 작곡을 했다는 미국의 부흥사! 바로 버나드 목사님이 지은 찬송가이다.

나는 이 찬송가를 곡조 있는 기도로 부를 때마다 하염없이 쏟아지는 눈물을 감출 수가 없다.

지금도 눈물이 안경을 적신다.

갈보리 언덕에 세워진 나무 십자가! 6시간 동안 영 죽을 내 죄악을 구속하시려고 물과 피를 다 쏟으셨던 내 구주 예수님의 은혜와 사랑 때문이다.

남은 내 인생도 주 십자가 따르며 살련다.                    2020.5.19.화

# 내 평생 살아온 길

**"그가 우리를 위하여 목숨을 버리셨으니 우리가 이로써 사랑을 알고 우리도 형제들을 위하여 목숨을 버리는 것이 마땅하니라"**(요일3:16).

"내 평생 살아온 길 뒤를 돌아 보오니
걸음마다 자욱마다 모두 죄 뿐입니다
우리 죄를 사하신 주의 은혜 크시니
골고다의 언덕길 주님 바라봅니다"(새 찬송가 308장. 1절)

이 찬송가는 1983년 경에 완성되었다.

한국인의 정서에 어울리는 민요풍으로 작곡되었는데, 바로 여의도 순복음 교회를 수년간 담임 하셨던 조용기 목사님의 아내인 김성혜 사모님이 작곡하셨다고 한다. 그리고 작사자는 조용기 목사님이시다.

성령 충만의 기도와 말씀에 힘입어 만들어진 찬송이 아닐 수 없다. 나는 이 찬송가를 자주 부르는 편이다.

그런데 '걸음마다 자욱마다'라는 가사를 음미할 때면, 내 죄성에 대한 회개의 눈물이 흘러 내린다.

내 영혼을 치유하는 은혜의 찬송이다. 　　　　　　　　　　2020.5.21.목

# 주 품에 품으소서

"제자들이 나아와 깨워 이르되 주여 주여 우리가 죽겠나이다 한 대
예수께서 잠을 깨사 바람과 물결을 꾸짖으시니
이에 그쳐 잔잔하여지더라"(눅8:24).

"주 품에 품으소서 능력의 팔로 덮으소서
거친 파도 날 향해 와도 주와 함께 날아오르리
폭풍 가운데 나의 영혼 잠잠하게 주를 보리라" (복음성가. 시와 그림)

2006년도에 작사, 작곡한 조용준의 악보를 노래한 김정석 찬양 사
역자의 이 복음성가를 듣고 있으면, 마치 내가 주님 사랑의 품에 살포
시 안겨있는 감동을 느끼게 된다.

늘 주님의 말씀과 간절한 영성의 기도로 찬양하는 두 분의 하모니는
어제 들어도 은혜가 넘쳐나는 시와 그림이다.

'코로나 19 바이러스'로 요즘 우리나라 뿐만 아니라, 전 세계 여러
나라가 몸살을 앓고 있다. 생명을 위협받는 감염의 유혹 속에서도 오
직 의지할 그 분은 하나님 뿐이다.

풍랑을 잔잔케 하신 주님의 품이 나의 피난처요
우리 모두의 안식처다.

이전보다 더욱 주 사랑하리.                                           2020.5.26.화

# 나를 위해 오신 주님

**"하나님이 세상을 이처럼 사랑하사 독생자를 주셨으니 이는 그를 믿는 자마다 멸망하지 않고 영생을 얻게 하려 하심이라"**(요3:16).

"나를 위해 오신 주님 나의 죄를 위하여서, 유대민족 들에게 잡히시던 그날 밤에.

아무런 말도 없이 우리에게 사랑을 보여주신 주님 예수 십자가를 지셨네.

그러나 언젠가 주님을 부인하며 원망하고 있을 때에,

나에게 오셔서 사랑의 손길로 어루만지셨네.

거절할 수 없어 외면할 수 없어 주님의 그 손을 잡았었고,

주님의 사랑에 뜨거운 눈물을 흘리고야 말았다네." (복음성가. 다윗과 요나단)

2008년 경에 문찬호(작사, 작곡)의 복음성가인 '사랑의 손길'로도 노래했던 '나를 위해 오신 주님'의 찬양곡이 계속 내 심금을 울린다.

그 당시 '다윗과 요나단'팀이 이 찬양을 불러 전성기를 이루었다. 지금까지도 은혜롭게 전파되어 오는 복음성가이다.

영벌에 처할 미천한 나를 위해 독생자로 오셔서 십자가를 지신 주님!

생각만 해도 가슴이 먹먹하다. 그 사랑이 파도처럼 밀려온다.

눈물 없이 부를 수 없는 이 성가를 어이하랴.                    2020.6.9.화

# 나 약해 있을 때에도

"하나님이 우리를 사랑하시는 사랑을 우리가 알고 믿었노니 하나님은 사랑이시라 사랑 안에 거하는 자는 하나님 안에 거하고 하나님도 그의 안에 거하시느니라"(요일4:16).

"나 약해 있을 때에도 주님은 함께 하시고, 나 소망 잃을 때에도 주님은 내게 오시네.

나 시험 당할 때에도 주님이 지켜 주시고, 나 실망 당할 때에도 주님이 위로 하시네.

주님 만이 내 힘이시며 오 주님 만이 날 도우시네.

오 나의 주님 내 아버지여 오 나의 주님 내 사랑이여." (복음성가. 조효성 작사, 작곡)

'주님 만이'라고도 불려지는 이 복음성가, 교회에서 가장 많이 찬양한 부흥 성가이기도 하다. 15년 전부터 여러 사람에 의해 지금까지도 은혜롭게 불리워지는 성가이다. 나 역시도 때때로 지쳐 낙심될 때나 외로움이 몰려 왔을 때면, 이 복음 성가의 가사와 곡조가 얼마나 큰 힘과 위로가 되는지 모르겠다. 그리고 가족이나 친척, 친구들에게까지도 외면 당하고, 몸의 질병이 자신을 절망 시킬 때면, 이 찬양이야말로 사막 가운데 솟는 오아시스가 된다. 역시 주님만이 내 사랑이다.

2020.6.12.금

# 사랑을 위하여

**"남편들아 아내 사랑하기를 그리스도께서 교회를 사랑하시고 그 교회를 위하여 자신을 주심 같이 하라"**(엡5:25).

"이른 아침에 잠에서 깨어 너를 바라볼 수 있다면
물 안개 피는 강가에 서서 작은 미소로 너를 부르리
하루를 살아도 행복할 수 있다면 나는 그 길을 택하고 싶다
세상이 우리를 힘들게 하여도 우리 둘은 변하지 않아
너를 사랑하기에 저 하늘 끝에 마지막 남은 진실 하나로
오래 두어도 진정 변하지 않는 사랑으로 남게 해주오" (대중가요. 김종환 3집)

20년 전의 여주에서 살던 그 때가 생각나게 하는 감동의 노래가 아닐 수 없다. 김종환 가수의 아내를 향한 사랑의 절절함이 손수 작사, 작곡한 이 '사랑을 위하여'란 노래에 물들어 있다.

특히 "하루를 살아도 행복할 수 있다면"이란 가사가 내 마음을 대변하는 듯, 그 때는 큰 위로가 되었다. 그 때의 내 심정이 절박했기 때문이다.

남편이 아내를 사랑하듯이 주님께서 나를 위해 목숨까지 내어 주셨다. 신랑이신 주가 신부인 나를… 　　　　　　　　　2020.6.15.월

# 이제 나만 믿어요

"**믿음이 없이는 하나님을 기쁘시게 하지 못하나니 하나님께 나아가는 자는 반드시 그가 계신 것과 또한 그가 자기를 찾는 자들에게 상 주시는 이심을 믿어야 할지니라**"(히11:6).

"무얼 믿은 걸까 부족했던 내게 나조차 못 믿던 내게 여태 머문 사람 무얼 봤던 걸까 가진 것도 없던 내게 무작정 내 손을 잡아 날 이끈 사람 최고였어 그대 눈 속에 비친 내 모습 이제는 내게서 그댈 비춰줄게 궂은 비가 오면 세상 가장 큰 그대 우산이 될 게 그댄 편히 걸어가요 걷다가 지치면 내가 그대를 안고 어디든 갈게 이제 나만 믿어요"

(원곡자: 임영웅 / 대중가요. 조영수 작곡, 김이나 작사)

TV조선 예능 프로그램으로 2019년도(미스 트롯)에 이어 2020년 1월부터 3월까지 '내일은 미스터 트롯' 경연 방송이 진행되었다. 예선과 본선을 거쳐 7명의 결승 진출자가 확정되었다. 그중에 미스터 트롯 '진'으로 1위의 영예를 안은 자가 임영웅 이었다.

진의 자격으로 받은 '이제 나만 믿어요'의 노래를 들으면, 주님이 내게 "그간 외로웠지? 이제 나만 믿어!"라고 토닥여주는 위로의 힘을 받는다. 노랫말 가사와 곡조, 그 목소리가 복음성가 같이 느껴져 온다.

그는 지금 최고의 스타로 정상에서 노래하고 있다. 나도 이제 더욱 정상을 향해 달리련다. 나의 정상은 믿음의 주님 그 품이기 때문이다.

2020.6.16.화

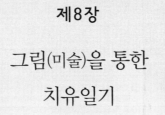

# 제8장

## 그림(미술)을 통한
## 치유일기

# 기도하는 손(듀러)

**"사람이 친구를 위하여 자기 목숨을 버리면 이보다 더 큰 사랑이 없나니"**(요15:13).

기도하려고 나의 두 손을 모으면 떠오르는 감동의 그림이 어른거린다. 500년이 넘은 지금까지도 독일 미술계에서 가장 위대한 작품으로 손꼽는 그림이 있다.

바로 듀러의 〈기도하는 손〉이다.

종이 위에 브러쉬와 잉크를 이용한 두 손을 모은 기도하는 손! 현재 독일의 뉴른베르크 박물관에 전시되어 있다고 한다.

이 그림에 대한 일화가 있다. 가난한 농가에서 태어난 듀러의 꿈이 화가가 되는 일이었다. 어느 날 결단을 내리고 도시로 향하게 된다. 마침 같은 꿈을 꾸는 친구를 만나 낮에는 노동일, 밤에는 그림 공부에 매진했다. 그러나 적은 수입으로 공부한다는 것이 너무 힘든 상태였다.

친구가 듀러에게 제안을 한다. "네가 먼저 그림 공부를 하렴. 그럼 내가 열심히 일해서 네 학비를 대 줄게." "머지않아 네가 성공하면 그 후에 내가 그림 공부 할테니, 걱정말고… 알았지?"

듀러는 그때부터 미술 작품에 온 힘을 쏟아 끝내 화가로 성공하게 된다.

친구 집을 찾아간 듀러는 문틈으로 친구의 눈물 어린 기도 소리를 듣는다. "주님! 제 손은 노동일로 뒤틀려 그림을 못 그리지만, 내 친구

듀러는 꼭 크게 성공해서 쓰임 받게 해 주세요."

이때 듀러는 친구의 기도하는 손을 그렸다고 한다. 주님께서 친구의 기도에 응답한 기적의 사건이 아닐 수 없다.                    2020.7.3.금

# 사이프러스 나무가 있는 푸른 밀밭(반 고흐)

"여호와 하나님이 그 땅에서 보기에 아름답고 먹기에 좋은
 나무가 나게 하시니 동산 가운데에는 생명 나무와 선악을 알게
하는 나무도 있더라"(창2:9).

우리 집 입구의 작은 방 침대 곁 벽에는 '반 고흐'의 그림 액자가 걸려 있다. 바로 '사이프러스 나무가 있는 푸른 밀밭'(1889)이란 작품이다.

방문을 열고 그 액자의 푸른 나무를 바라보면, 내 어린 시절의 초등학교 때가 떠오른다. 이천군에서 개최하는 사생대회 나갔을 그 당시의 스케치북엔 하늘로 솟구치는 푸른 나무 한 그루가 그려져 있었다. 옆에서 보시던 선생님이 "와!" 하시며 감탄하셨던 기억도 난다.

나는 끝내 그날 36개의 크레용이 담긴 크레파스와 우수 상장을 받은 것이다.

화가의 꿈을 지녔던 나 였기에 지금도 미술에 대한 관심이 크다. 그림을 통한 치유의 만족감을 자주 느낀다.

고흐가 그린 이 푸른 나무는 우리나라의 측백나무, 향나무와 비슷하게 보여진다. 밀밭과 함께 어우러진 푸른 녹음! 볼 때마다 생동감이 생긴다.

2020.7.7.화

095
# 이삭줍기(밀레)

> "룻이 가서 베는 자를 따라 밭에서 이삭을 줍는데
> 우연히 엘리멜렉의 친족 보아스에게 속한 밭에 이르렀더라"(룻2:3).

프랑스의 사실주의 화가인 '장 프랑수아 밀레'의 대표적 작품이 '이삭줍기'(1857)이다.

현재 피리의 오르세 미술관에 소장되어 있다고 한다.

구약 성서에 있는 '룻기'에서의 주인공 '룻'이란 여인을 생각하게 된다.

보아스에게 속한 밭에서 이삭을 줍는 룻을 떠올리며, 혹 '밀레'도 화가의 화폭 속에 그려진 농촌의 아름다움, 노동의 신성함을 나타낸 것이 아닌가 싶다.

내 어릴 적 초등학교 때를 기억나게 하는 추억이 있다. 보릿고개 시절인 1960년 대의 우리나라는 경제적 빈곤에 시달려야 했다. 선생님께 이삭을 주워서 숙제로 제출했던 기억이 선명하다.

가을의 추수가 끝난 다른 사람의 밭에서 저물도록 허리를 굽혀 곡식의 이삭을 줍는 세 여인들의 모습!

보면 볼수록 가슴이 뭉클하다.　　　　　　　　2020.7.9.목

# 꽃의 정원(구스타프 클림트)

"무화가 나무에는 푸른 열매가 익었고 포도나무는 꽃을 피워 향기를 토하는구나 나의 사랑, 나의 어여쁜 자야 일어나서 함께 가자"(아2:13).


오스트리아 화가인 구스타프 클림트(1862)의 그림 액자 세트가 나의 방 침대 벽에 나란히 걸려있다. 거실같이 넓지는 않지만 '꽃의 정원' 명화가 안겨주는 상쾌함이 기분을 전환 시킨다.

아침에 일찍 일어나면 매트리스 없이 평상으로 맞춰진 편백나무 침대의 피톤치드 향도 정신을 맑게 해준다.

이런 경우엔 마치 내가 '꽃의 정원' 속 주인공이 되어 있는 느낌을 받는다.

유난히 초록빛의 푸른색을 나는 좋아한다. 그리고 형형 색색의 자잘한 꽃들을 많이도 좋아한다. 그래서 그런지 나의 옷들도 푸른색 계열의 옷이나 꽃 남방의 옷들이 많다.

창가에 놓인 초록 빛 화초들도 함께 아침 인사를 나눈다.

이 작은 공간에서의 행복감이 내겐 최상이다.     2020.7.14.화

# 예수님의 얼굴(워너 솔맨)

**"기도를 계속하고 기도에 감사함으로 깨어 있으라"**(골4:2).

    미국의 시카고에서 태어난 화가 워너 솔맨(1892)의 작품인 '예수님의 얼굴' 초상화 그림이 유명하다. 지금까지도 그의 성화가 알려지기까지 잔잔한 감동을 주는 이야기가 있다.

    그가 가수로 활동하고 있으며 신앙심도 깊었던 아내를 만나 결혼한지 얼마 안 되어 중병을 선고받게 된다. 의사는 그에게 '임파선 결핵'이라는 3개월의 사형 선고를 내렸다. 임신까지 한 아내는 남편에게 따뜻한 격려와 위로의 말을 건넨다.

    "여보! 3개월 밖에 못 산다 말고, 하나님이 3개월의 시간을 선물로 허락해 주셨다 생각하고 감사로 기도합시다."

    이 말을 받은 워너 솔맨은 힘을 얻어 예수님의 초상화를 그리기 시작한다. 하나님의 역사는 기적의 사건으로 일어났다.

    리더십이 있고 강인한 인간성의 예수님 얼굴 성화가 수백만 장 팔려나갔다고 한다.

    그의 질병은 완치되었고, 76세까지의 삶을 행복하게 누렸다고 한다. 그렇다. 감사하며 기도하는 삶에 기적은 꼭 찾아온다.   2020.7.21.화

제9장

중보적
기도시(삼행시)를
통한 치유일기

# 목회자(위임, 교구)를 위한 기도 삼행시

"만물의 마지막이 가까이 왔으니 그러므로 너희는
정신을 차리고 근신하여 기도하라"(벧전4:7).

• 김의식(위임 목사님)
김:김 맛 같은 구수함의 말씀으로 / 의:의를 향한 씨앗 뿌림의 목양 /
식:식지 않는 성령의 불꽃으로 치유케 하소서

• 주인자(목사님)
주:주만 사랑하나이다 / 인:인장으로 써 주소서 / 자:자랑하되 주
만 자랑하게 하소서

• 한경국(목사님)
한:한 분 주 성령님께만 / 경:경배와 찬양 드리니 / 국:국민 중의
하늘국민으로 살게 하소서

• 유정인(목사님)
유:유한된 세상 속에서 / 정:정녕 주바라기의 삶 / 인:인내의 헌신
받으옵소서

• 유태광(목사님)

유 : 유유히 흐르는 시냇물처럼 / 태 : 태양의 빛 뜨거움으로 / 광 : 광
명의 주만 비추리이다

• 박강민(목사님)

박 : 박애의 사랑으로 / 강 : 강하면서도 부드럽게 / 민 : 민첩한 지혜자
로 써 주소서

• 최신호(목사님)

최 : 최상의 주 하나님 / 신 : 신실하신 성령님 / 호 : 호렙산의 모세처
럼 인도하소서

• 김성무(목사님)

김 : 김매는 농부의 땀방울로 / 성 : 성을 향한 다니엘의 기도 / 무 : 무
릎의 간구 들으소서

• 이창조(목사님)

이 : 이처럼 은혜로 역사하시니 / 창 : 창대한 브니엘의 아침 / 조 : 조
용히 엎드려 기다리나이다

• 안드레(목사님)

안 : 안아 감싸주는 사랑 / 드 : 드리고 헌신케 하소서 / 레 : 레미콘 같
은 영적인 힘의 능력을 주소서

• 채정명(목사님)

채 : 채워 안겨주시니 / 정 : 정녕 어찌하오리까 / 명 : 명철하게 쓰임 받게 하소서


• 정일(목사님)

정 : 정신을 차려 기도하는 자 / 일 : 일절 주님께만 충성하게 하소서 아멘!


• 김희경(목사님)

김 : 김 목사님의 목소리 / 희 : 희망찬 사역의 열정 / 경 : 경천애인의 삶 이루게 하소서 2020.8.7.금

# 찬양대(할렐루야·아가페)임원을 위한 기도 삼행시

**"할렐루야 그의 성소에서 하나님을 찬양하며
그의 권능의 궁창에서 그를 찬양할지어다"**(시150:1).

〈할렐루야 찬양대〉

• 박영규(대장)

박:박애의 사랑으로 / 영:영혼 사랑의 소유자 / 규:규모 있는 지혜의 참 직분자. 아멘!

• 한미현(지휘)

한:한 분 여호와시여! / 미:미천한 저를 긍휼히 여기사 / 현:현명한 지휘자로 써 주소서

• 최성홍(총무)

최:최상의 충성된 자 / 성:성령 충만의 삶 / 홍:홍해 가르는 기적의 삶 이루소서

• 임어란(피아노)

임:임 되신 주님께 / 어:어떻게 보답할까요 / 란:난초처럼 피어 헌신케 하소서

• 이하람(오르간)

이 : 이와같이 나약한 나를 / 하 : 하나님은 사랑하시니 / 람 : 람보의 주인공 되어 나아가리다

〈아가페 찬양대〉

• 고방주(대장)

고 : 고생만 하신 예수님 / 방 : 방초 동산 푸른 숲 / 주 : 주님 사랑을 찬양합니다

• 전혜린(지휘)

전 : 전지 전능의 여호와 하나님 / 혜 : 혜은의 그 큰 사랑 / 린 : 린나이 가스처럼 훨훨 타오르소서

• 구혜경(총무)

구 : 구하는 자에게 응답하시니 / 혜 : 혜경답게 살게 하사 / 경 : 경배와 존귀 받으옵소서!

• 왕성희(피아노)

왕 : 왕이신 나의 하나님 / 성 : 성령님께 아뢰오니 / 희 : 희생의 산 제물 삼으소서

• 이정현(오르간)

이 : 이런 크신 사랑을 / 정 : 정녕 내게 주시나이까 / 현 : 현명한 충성자로 써 주소서. 2020.8.12.수

100

# 목장(211) 가족을 위한 기도 삼행시

**"기쁜 마음으로 섬기기를 주께 하듯 하고 사람들에게 하듯 하지 말라"**(엡6:7).

- 장정매(목자)

장:장로님의 일생을 지켜 주시는 하나님 / 정:정녕 그 은혜의 분량을 어찌 헤아리오리까 / 매:매 순간 감사해도 부족한 마음이옵니다

- 옥재은(부목자)

옥:옥처럼 맑은 심성 / 재:재미있는 유모어 / 은:은혜입은 치유자입니다

- 조명희(부목자)

조:조신하신 권사님 / 명:명철이 가득한 분 / 희:희생의 겸손이 보이십니다

- 김정국(목원)

김:김초밥처럼 산듯한 분 / 정:정이 많으신 여유 / 국:국물 속 사랑이 진하네요

• 한효순(목원)

한:한 권사님의 훤칠함 / 효:효심 가정의 어르신 / 순:순수한 믿음
대단해요


• 김정희(목원)

김:김 맛 같은 입담 / 정:정겨움이 깊은 분 / 희:희망찬 나날 행복
하십시요


• 최정이(목원)

최:최선을 다하는 삶 / 정:정성 다함의 유아부 선생님 / 이:이런 성
실함이 최고이십니다


• 이재순(목원)

이:이재순 성도의 모습 / 재:재물이 넉넉해 짐과 같이 / 순:순수한
믿음도 자라겠지요


• 정태선(목원)

정:정 권사님과의 첫 만남 / 태:태산 같은 주님 은혜 / 선:선하신
주님의 복 받으십시요


• 김명환(목원)

김:김 빠지는 삶은 가라! / 명:명암의 조화로움 / 환:환의 미래는
행복한 삶. 2020.9.3.목

# 치유원(인턴동기) 의식 수업 동아리를 위한 기도 삼행시

**"친구는 사랑이 끊어지지 아니하고
형제는 위급한 때를 위하여 났느니라"**(잠17:17).

• 고영순(지도 교수)
고:고차원의 영성을 위하여 / 영:영·혼·육의 의식 수준에 전념하시는 분 / 순:순수한 그 열정으로 더욱 빛을 발하소서

• 한석호(님)
한:한 분 성령님 / 석:석양의 노을 바라보며 / 호:호수 속 주님 모습 그려봅니다

• 김경숙(님)
김:김 오르는 찐빵 / 경:경에 기록된 말씀 / 숙:숙성된 포도주로 섭취하리다

• 이금자(님)
이:이지러지지 않도록 / 금:금 같은 믿음 지키는 자 / 자:자유 안의 참 그리스도인 이십니다

• 이문재(님)

이 : 이기심이 없는 순수한 분 / 문 : 문제마다 기도로 아뢰고 / 재 : 재물의 복이 넘쳐나게 하소서

• 유문향(님)

유 : 유유히 흐르는 물처럼 / 문 : 문 열어 화통하는 자 / 향 : 향기 되고 열매 맺으리이다

• 정혜숙(님)

정 : 정감 어린 눈빛 / 혜 : 혜은의 주님 은혜에 / 숙 : 숙연히 조아려 아룁니다

• 유성필(님)

유 : 유유히 흐르는 시냇물처럼 / 성 : 성령님과 함께 하는 분 / 필 : 필경 믿음의 성공자이십니다

• 안선미(님)

안 : 안정되고 선하신 모습 / 선 : 선명히 떠오르는 주님 / 미 : 미쁘사 진정 사랑합니다

• 김명환(님)

김 : 김매는 여름 땀방울 / 명 : 명령대로 순종하리니 / 환 : 환상의 천국 사모합니다 2020.9.4.금

# 신학 동기생(우리모임)을 위한 기도 삼행시

**"이와 같이 우리 많은 사람이 그리스도 안에서
한 몸이 되어 서로 지체가 되었느니라"**(롬12:5).

- 박선이(목사님)

박:박애의 사랑으로 / 선:선한 영향력의 주인공 / 이:이리도 존경스러울까요

- 구춘임(장로님)

구:구 장로님의 삶 / 춘:춘하추동 변함없이 / 임:임 되신 주님 향한 일편단심이 대단하십니다

- 문자(전도사님)

문:문이 열리기 까지의 두드림 / 자:자유와 평안의 복 누리십시요

- 진정미(전도사님)

진:진실로 도전의 사람 / 정:정녕 계속하는 질주자 / 미:미적 감각의 일인자이십니다

- 김광복(전도사님)

김:김처럼 구수하게 / 광:광이 나도록 섬세히 / 복:복의 참 소유자이십니다

• 서애경(전도사님)

　서 : 서서히 조심하며 / 애 : 애정과 이성 사이에서 / 경 : 경의 말씀처럼 바른 삶의 주인공이십니다


• 김명환(전도사님)

　김 : 김명환님의 삶 / 명 : 명령 중의 주님 명령에 우선하는 자 / 환 : 환한 빛으로 순종하시네요. 2020.10.6.화

# 지인(믿음의 권속)들을 위한 기도 삼행시

**"누가 현숙한 여인을 찾아 얻겠느냐 그의 값은
진주보다 더하니라"**(잠31:10).

• 정화연(님)
정 : 정결하고도 사랑 많으신 분 / 화 : 화사한 옷 매무새 / 연 : 연실 보
고 싶은 사모님 이십니다

• 허은혜(님)
허 : 허브향 내음의 사람 / 은 : 은혜가 넘치는 삶 / 혜 : 헤프지 않는 실
속의 부요자 이십니다

• 유복선(님)
유 : 유하고 분명한 분 / 복 : 복 받는 행실의 넉넉함 / 선 : 선하신 눈망
울의 소유자 이십니다

• 이보령(님)
이 : 이처럼 자상하실 수가요 / 보 : 보배로운 나눔 실천으로 / 령 : 영
혼 치유의 일인자 이십니다

• 황봉순(님)

황:황봉순 씨 생각납니다 / 봉:봉우리 꽃망울처럼 / 순:순수한 우리 사랑 나눔 간직해요

• 백순옥(님)

백:백만 송이 꽃인 양 / 순:순박한 고교 때의 추억 / 옥:옥 같은 그 미소 못 잊어라

• 박원혜(님)

박:박하지 않는 넉넉함 / 원:원혜님과의 문인 세월 / 혜:혜성같이 늘 빛나시길요

• 이연순(님)

이:이지러지지 않는 신앙심 / 연:연속으로 만나도 좋은 분 / 순:순전한 믿음의 동역자 이십니다

• 이성순(님)

이:이해심이 깊으신 분 / 성:성순 씨는 기도를 좋아하죠 / 순:순조로운 삶 이루길 기도해요

• 김석림(님)

김:김 목사님은 영의 사람 / 석:석양의 노을 감성 / 림:임 되시는 주바라기 주인공 이십니다

• 이정성(님)

이 : 이 목사님 생각나면 / 정 : 정겨웠던 그때 그 추억 / 성 : 성령 안에 사심 감사드려요


• 박명순(님)

박 : 박 목사님의 섬세함 / 명 : 명환을 안 잊으시니 / 순 : 순처럼 고운 심성 고맙습니다. 2020.10.13.화

제10장

# 지나간 날들(30, 40대)의 치유일기

# 낙엽

"…네가 죽도록 충성하라 그리하면 내가
생명의 관을 네게 주리라"(계2:10 하).

낙엽이라는 나뭇잎처럼 본연의 모습이 다하여 흙의 상태로 감추어
지기까지, 소리 없는 순종심과 자신이 지닌 위치로서의 사명을 다하는
하나의 인간상을 그려보게 된다. 낙엽과 같은 인생의 나그네 길에서,
나와 우리 모든 이들은 어떠한 삶을 영위해 나갈까.

겨울이 가면 봄이 오듯이 낙엽이 떨어져 죽으면 흙이 되지만, 봄과
함께 뿌리 깊은 그 나무의 가지는 파란 잎새를 움돋게 한다.

우리의 인생도 보람있게 살진대, 결코 육체는 명이 다하여 죽게 될
지라도, 그 이름과 업적만큼은 역사에 길이 남게 되는 것이 아닌가.

오늘 아침에도 나는 정원으로 드리워진 마당 가의 낙엽을 밟았다.
바스락 바스락 발자욱을 디딜 때마다 아픔의 소리를 듣게 된다. 그러
면서도 어쩔 수 없는 숙명처럼 늘상 그 자리를 지키고 있는 그 모습들
에서, 부쩍 연약해진 내 모습을 발견하게 되곤 한다.

나의 존재도 저렇게 될까?

아니다. 내게는 천국을 예비하고 기다리시는 주님이 계시다. 내 영
혼은 끝내 승리하리라.

1983.11.22. (경기도 주부 백일장. 수필 장원부분 일부)

# 오직 주님 뿐

**"내게 능력 주시는 자 안에서 내가 모든 것을 할 수 있느니라"**
(빌4:13).

내가 힘을 잃고 낙심 상태에 있게 될 때면 주님께서 조용히 내 심중에 일러주시는 말씀이다. 빌립보서 4장 13절의 말씀을 찾아 읽을 때마다 위로와 힘이 생기는 믿음이 있다.

죽은 자도 살리신 주님이 아닌가. 그 주님의 품 안에 있는 한 나는 외롭지 않은 평안의 자리에 머물게 된다. 모든 것이 가능케 되는 역사를 경험하는 것이다.

나의 삶 속에 주님이 동행해 주시니, 실망과 좌절은 사라지고 성령의 충만함 만이 넘쳐나게 됨이 아닌가. 이 세상의 그 무엇도 부러울 것이 없다.

남편도 자녀도 부모도, 그 어떤 친구도 주님 위가 될 수 없다. 주님만이 나의 위로자, 생명, 사랑이 되신다. 내 모든 일생의 소원을 만족시켜 주시는 분은 오직 주님 뿐이다.

범사에 감사하는 기도의 생활 속에서, 오늘도 나는 주와 동행하며 행복한 하루를 보내고 있다.                                    1988.2.28.주일

# 응답받는 기도

"여호와께서 빈궁한 자의 기도를 돌아보시며 저희 기도를 멸시치 아니하셨도다"(시102:17).

기도한 대로 갚아주시는 하나님 아버지의 크신 사랑에 눈물 만이 흘러 내리는 이 한 새벽! 난생 처음으로 약 5시간 동안의 계속적인 기도를 드리게 되었다. 물론 방언 기도였다.

주께서 내게 방언의 은사를 벌써 주셨지만, 제대로 활용하며 영적 깊이의 기도를 드리지 못했던 것이다.

사람들은 몰라줘도 주님은 나를 알아주시고 매 순간 말씀으로 격려해 주신다.

철야 기도에 응답해 주시는 하나님의 신실하심에 무한 감사드린다.

이 세상의 정욕적인 기도가 아닌 성령님과 함께 하는 기도의 용사로 살고 싶다.

빈궁한 나의 기도를 들어 멸시치 아니하시는 하나님이 곧 나의 하나님 되심을 확신한다.

허공을 치는 습관적인 입술의 기도는 멀리 하련다. "오 주여! 임마누엘의 은혜로 내게 임하소서. 아멘."

1988.3.5.토

107
# 찬양의 의미

**"너희는 그 은혜에 의하여 믿음으로 말미암아 구원을 받았으니 이것은 너희에게서 난 것이 아니요 하나님의 선물이라"**(엡2:8).

"주님께 찬양을 드림에 있어서 진정한 감사함이 없이는 주님을 진실되게 찬양할 수 없습니다." 이 고백은 《찬송 생활과 권능》이란 책의 저자 '머린 캐로더스' 목사님의 진심이 담겨진 간증이다.

예수 그리스도를 십자가의 형틀에서 죽게 하시기까지 우리를 구원하신 은혜의 하나님, 사랑의 하나님을 어찌 찬양하지 않을 수 없겠냐는 의미의 감동 어린 글이다.

사악했던 사울이 변하여 바울이 되었을 때, 그가 여러 사람 앞에서 '믿음으로 의롭게 된다'는 간증은 하나님의 사랑을 깊이 깨닫게 한다.

하나님께 받은 이 구원의 선물은 행위에서 난 것이 아니라 했다. 찬양의 의미를 바로 새겨 찬송하고, 찬양의 경배를 주께 올려 드리는 나의 삶이 되기를 소원한다.

이기심에 사로잡혀 감사와 찬양이 메말라 있었던 나!

이 마음속 감옥생활에서 탈피하려 한다. 찬송 생활의 천국 시민으로 거듭나리라.

날마다 주께 영광 돌리며…

1990.4.20. (극동방송 '사랑의 뜰안'에 보낸 독후감 일부)

# 질고를 통한 심령의 소생

**"이에 일어나서 아버지께로 돌아가니라 아직도 거리가 먼데 아버지가 그를 보고 측은히 여겨 달려가 목을 안고 입을 맞추니"**(눅15:20).

둘째 딸 성은이를 낳던 1981년의 가을이었다. 셋방살이 5년 만에 내 집 장만을 한 것이다. 야산으로 드리워진 점봉3리 마을이다. 봄이 되면 넓은 마당을 가꾸어 아름다운 정원을 만들겠다고 다짐했다.

추운 겨울의 중심인 새해의 첫 달이 성은이의 돌이다. 제법 서서 걸음마도 하고 "엄마" 소리도 잘 냈다. 너무 너무 행복만 가득할 것 같았다. 그런데 어찌 된 일인가! 갓 돌을 넘긴 아기가 일어서서 부르르 떨다가는 힘없이 쓰러지는 것이었다. 이런 증세가 반복해서 일어났다. 우리 가정에 갑자기 불어닥친 질고의 바람을 멈추게 할 힘이 없었다.

나는 성은이를 업고 온갖 병원과 한의원을 찾아다녔다.

그러나 헛수고였다. 부천에 사시는 언니의 충고대로 이젠 하나님께 부르 짖어 기도하는 방법 밖엔 없었다.

30일 간의 작정 기도를 시작했다.

나의 허물과 죄악이 떠올랐고, 탕자의 심정으로 주님께 회개의 기도를 눈물로 쏟았다. 작정 기도가 마쳐지자 기적의 역사가 일어났다. 성은이가 "엄마! 엄마!"하며 생기를 찾은 것이다. 치유의 응답으로 찾아오신 하나님께 영광 돌린다.

1990.6.5. (1990년도 여운 간증 문학상 우수작 일부)

# 축호전도

"이 때부터 예수께서 비로소 전파하여 이르시되
회개하라 천국이 가까이 왔느니라 하시더라"(마4:17).

오늘은 매우 추웠답니다. 겨울바람에 우리의 몸들도 춤을 추듯이 흔들렸습니다.

주님! 오랫동안 멈추어 있었던 축호 전도였어요. 약 2시간 동안 마을 한 바퀴를 다 돌고 나니, 다리가 점점 둔해지더군요. 힘들다 생각지 않으시고 전도 대원으로 몸소 자원하신 권사님과 집사님들 다섯 분께 얼마나 고마웠는지 모릅니다.

2월부터 개최되는 부흥 성회를 앞두고, 새벽 기도와 아침 금식 기도에도 힘쓰려 합니다.

심방 전도사의 사명을 따라 맡겨진 일에 충성을 다하려 하거든요. 이번 부흥 강사로 오실 성중경 목사님의 준비된 말씀이 기다려집니다.

오후 늦게는 가까운 이천의 기독 서점에 가서 몇 권의 신앙 서적을 사 왔습니다. 무엇보다 나의 급선무가 육신의 일을 앞세우기 전에 영적인 일에 최선을 다해야 함을 깨달았으니까요.

언제나 나의 마음을 헤아리시는 주님이시여! 당신의 참신한 복음 전도자로 쓰임 받게 하소서.

1993.1.28. ("주님께 드리는 편지" 일부)

# 소현이의 신앙생활

**"예수께서 돌이켜 그들을 향하여 이르시되 예루살렘의 딸들아 나를 위하여 울지 말고 너희와 너희 자녀를 위하여 울라"**

(눅23:28).

주님! 소현이를 기억해 주세요. 제가 본 교회를 떠나 심방 전도사 생활로 분주하다 보니, 자녀의 신앙 교육에 제대로 손을 댈 수 없는 부분이 생기네요.

아버지 하나님! 당신께 의탁하오니 첫 딸로 맡겨주신 소현이의 신앙을 지켜 주세요.

세상의 유혹에서 벗어나 주께로 돌이키는 진실된 믿음을 주시옵소서. 지난 주일밤의 중등부 헌신 예배도 빠졌답니다. 얼마 안 남은 중등부 생활의 마지막 한 해를 보람되고 충성되게 섬길 수 있는 소현이가 되게 해주세요.

아동부 때 주일 학교에서 열심히 활동했던 것처럼, 지금도 충실하게 믿음을 지켜나가는 학생으로 거듭나게 해주세요.

어머니로서의 제 기도를 주께서 들어 응답해 주실 줄로 믿습니다.

그리고 둘째 딸인 막내 성은이를 위해서도 간구합니다. 올해부터 곧 중등부에서 활동하게 되거든요.

예수님의 지혜와 겸손을 닮아가는 자녀들이 될 수 있도록, 주께서 인도해 주세요. 예수님의 이름으로 기도합니다. 아멘.

1993.1.29.금 ("주님께 드리는 편지" 일부)

# 졸업식

"네가 죽도록 충성하라 그리하면 내가 생명의 관을 네게 주리라"(계2:10).

주님! 선교 대학원에서 제가 우수상을 탔다는 사실이 꿈만 같습니다. 이 귀한 상을 제가 받게 되었다는 것이 주님께 송구하고 감사하기만 합니다. 저의 부족함을 제가 알고 있기 때문입니다.

주님! 약 5년 동안에 인천 여자 신학교와 선교 대학원을 당신의 은혜로 통학하며 다녔네요. 건강과 생활의 여건을 이기고 온전히 학업을 마무리하게 해주신 은총에 깊이 감사를 드립니다. 오직 주님께만 영광 돌립니다.

이천에 사시는 세 분의 언니들 모두가 오셔서 저를 축하해 주셨답니다. 함께 사진도 찍고 맛있는 음식도 나누며 네 자매간의 우애를 다지는 좋은 시간을 가졌습니다.

늦은 저녁에 여주의 집에 도착하자, 학교에서 돌아온 소현이와 성은이가 저를 반겼습니다. "엄마! 졸업을 축하해요"하며 품에 안기는 딸들에게서 더 없는 행복감을 느꼈습니다.

세상의 상도 이렇게 기쁜데, 주님께 받는 면류관은 어떨까요.

1993.2.6.토 ("주님께 드리는 편지" 일부)

# 주님! 잘못했습니다

**"사람이 마음으로 자기의 길을 계획할지라도
그의 걸음을 인도하시는 이는 여호와시니라"**(잠16:9).

새벽 예배 기도 시간에 무릎 꿇고 엎드렸을 때, 성령님 당신께서는 제 자신이 주께 잘못한 일들을 회개케 하셨습니다.

지난 1월과 2월을 너무 계획 없이 멋대로 보낸 것에 대한 저의 허물이 깨달아져, 탕자가 바로 저였다는 생각을 지울 수가 없습니다.

매월 드리던 첫날 아침의 금식 기도도 중단했네요. 아니 금요 기도회 때 손들고 기도하는 한 시간의 통성 기도도 쉬고 있었네요. 집사 때만도 못한 제 자신이 부끄럽습니다.

하지만 오늘 3월의 첫 새벽부터 다시 뉘우치고 일어섭니다. 새롭게 작정합니다.

매일의 기도를 2시간씩 작정 기도로 아버지 하나님께 드리기를 소원합니다.

금요일 만큼은 3시간씩 기도하는 영적 습관을 갖게 해주세요.

계획은 세우나 주께서 뜻대로 인도해 주실 줄 믿고 감사드립니다.

1993.3.1.월 ("주님께 드리는 편지" 일부)

## 113
# 시인 등단의 소식

**"이 모든 일에 전심 전력하여 너의 성숙함을 모든 사람에게 나타나게 하라"**(딤전4:15).

주님! 오늘 오후 3시에 모처럼 속장님들의 간담회가 있어서, 저도 함께 참석했습니다.

'교회 성장을 위한 속회의 배가 운동'에 관한 담임 목사님의 말씀과 토의가 있었습니다. 모두가 저녁 시탁을 나누는 좋은 하루였답니다.

요즘 교회에서 개최하고 있는 모든 행사에 전 교인이 열심히 동참하고 있습니다. 100일 작정 기도, 전도 운동, 성경 읽기, 성경 쓰기 운동에 저 역시도 실천하고 있지요.

주님, 오늘 제가 주님께 자랑할 일이 생겼네요.

여주의 동인 문학회에서 시인 등단을 위해 몇 편의 시들을 제출했었지요. 주님의 은혜로 이 부족한 여종이 새롭게 시인으로 등단 되었다는 사실이 놀랍기만 합니다.

'농민문학(현재 한맥문학) 월간집 3월호'에 제 시가 실렸지 뭐예요. 바로 그 시집이(100부) 제게 선물로 안겨진 것이 기쁨 중의 기쁨이 아니겠는지요.

시인으로 등단케 해주신 내 주님께 감사, 영광 돌립니다.

1993.3.6.토 ("주님께 드리는 편지" 일부)

---

# 제11장

# 첫째 딸의
# 초등일기

---

# 성탄 축하의 밤

오늘 밤에 성탄 축하의 밤이 시작되었다. 그리고 나도 참석했는데, 모자가 자꾸 벗겨졌다. 우리 학교의 2학년 중에 나와 같은 반 아이들 중에서는 남자 두 명이 성탄 축하 순서를 맡았다.

바로 원제와 석준이다.

석준이는 연극을 맡았다. 또 원제는 성경 요절 외우기를 했다. 모두 모두 잘했다.

그리고 5살인 유치부 아이들은 귀엽게 노래를 잘 불렀다.

그런데 내가 무용을 할 땐 좀 아쉬웠다. 모자가 벗겨졌기 때문이다.

1986.12.24.수


*소현아! 모자가 벗겨져서 좀 아쉬웠구나. 그래도 용감하게 나가서 발표한 것은 참 잘한 일이야. 아기 예수님도 좋아하셨을 거야. 엄마도 축하한다. 메리 크리스마스!

# 즐거운 크리스마스

오늘은 크리스마스이다. 그래서 9시까지 교회에 갔다.

그리고 전도사님의 말씀이 은혜스러웠다.

예배가 끝나고 선물과 과자도 주셨다. 선물은 바로 500원 짜리 수첩과 책갈피가 들어 있었다. 수첩이 참 예쁘고 귀여웠다.

그리고 맛있는 과자를 먹으면서, 집에 가서는 텔레비전을 보았다.

파랑새를 보았는데 재미있었다. 과자는 맛있었다.

즐거운 크리스마스였다.                                    1986.12.25.목


*우리 소현이 파이팅! 엄마가 생각해봐도 소현이는 아동부 어린이들 중에서 모범인 것 같아. 왜냐하면 결석도 안 하고 시간도 잘 지키니까. 소현아, 사랑해!

# 겨울학교 주일예배

오늘은 일요일이다. 그래서 교회에 갔다.

교회에 가 보니 아이들이 조금 모여 있었다.

나는 예배 시간에 조용히 앉아서 예수님 말씀을 잘 들었다.

교회학교 아동부 예배를 마치고 나서, 엄마 아빠를 따라 시장에 갔다.

어린이용 옷들과 신발들이 보였다.

아빠가 털 부츠를 선물로 사 주셨다. 나는 기분이 좋았다. 집으로 돌아오면서 엄마 아빠께 감사했다. 1986.12.28.일

*소현아! 선물 받아서 무척 기뻤구나. 엄마도 기뻐! 무엇보다 소현이가 예배 시간에도 정성껏 예배드리는 모습에 감동했거든. 마땅히 선물 받을만 해.

# 엄마와 함께 한 요리

오늘 엄마랑 카스테라를 만들었다.

먼저 마요네즈를 만들었는데 처음엔 실수했다. 그러나 두 번째는 성공했다. 맛이 좋았다.

샌드위치 속에 넣는 계란도 부쳤다.

오뚜기 케찹도 넣고 맛있는 샌드위치가 완성되었다.

엄마는 교회에 가실 때 목사님께도 갖다 드렸다.

내가 간식 생각날 때마다 요리를 해주시는 엄마가 참 좋다.

1987.1.7.수

*엄마의 요리를 칭찬하는 우리 소현이가 참 대견하고 예쁘구나. 아직 2학년이지만 일기 쓰는 내용이 간결하고 받침도 안 틀리는구나. 역시 글 쓰는 솜씨가 짱이야. 우리 첫 딸 양소현 멋쟁이!

# 어버이 날과 저금

오늘은 엄마랑 나랑 동생이랑 대원 주택엘 구경 갔다.

처음으로 우리 동네 옆에 새 대원 주택이 생겼기 때문이다. 그곳에는 슈퍼마켓도 있었다.

엄마는 오는 길에 밀가루를 사셨다. 무거워서 엄마와 함께 들고 집에 왔다.

겨울 방학 동안에는 더욱 부모님 말씀을 잘 들으려고 한다. 그리고 내가 생각한 것이 있다.

바로 5월 8일 어버이 날에 엄마 아빠에게 선물을 할 작정이다. 그래서 저금을 하고 있다.

1987.1.8.목

*우리 소현이의 마음에 엄마는 감탄했단다. 군것질도 안 하고 저금해서 엄마 아빠 선물을 한다니… 착하기도 하지. 그 대신 엄마가 자주 맛있는 간식 만들어 줄게.

# 주보 모음상

오늘 교회에서 상을 탔다. 내가 주보를 잘 모았다고 상을 준 것이다. 바로 장려상이다.

나는 너무나 기뻤다. 앞으로는 주보를 더 잘 모아서 최고상을 받았으면 좋겠다.

그리고 한 가지 알게 된 사실이 있다.

상품을 준비하려면 돈이 들어간다. 그런데 교회의 돈은 조금 들어가겠지만, 우리 교회학교 아동부 어린이들이 헌금한 돈 중에서도 주보 모음상 상품을 준비했다는 것이다.

그것이 참 좋았다. 이 선물이 좋아졌다.

나는 우리 교회가 좋다. 하나님 말씀을 가르쳐주니까 좋다.

1987.1.11.일


*소현이의 믿음이 기특하구나. 하나님 말씀을 가르쳐 주니깐 교회가 좋다고 했네. 하나님이 많이 기뻐하셨을 거야. 참 주보 모음 장려상 받은 것을 축하해! 사랑하는 우리 딸 최고야!

# 혼자서도 잘 노는 동생

성은이와 함께 엄마 놀이를 했다. 성은이가 할머니고 내가 엄마다.

그런데 성은이가 할머니 소리를 내었는데 비슷하게 내서, 우리 엄마와 내가 웃었다.

내 동생 성은이는 놀이라는 것은 모두 잘 한다. 울 때도 꼭 진짜로 우는 것 같다.

그리고 사투리도 아무 사투리나 다 지어서 말을 만든다.

참 이상한 아이다. 혼자서도 참 잘 논다.

나는 이런 동생이 좋다.                                    1987.1.23.금

\*소현이가 동생 성은이를 칭찬했구나. 너무 착하네.

가끔씩 서로 싸울 때도 있었지만, 오늘은 소현이가 동생 성은이를 잘 데리고 놀았구나.

엄마 마음도 좋단다. 우리 큰 딸 짱이야!

# 이천에 간 일

오늘은 이천에 갔다. 엄마와 성은이 동생과 같이 갔다.

우리 집에 있는 붕어가 다 죽었기 때문이다.

이천 시장에 가서 어항에 넣을 붕어를 사오려고 간 것이다.

우리 세 식구는 이천 거리의 여러 곳을 구경 다녔다.

아직 시는 아니고 이천군이지만 제법 구경할 곳이 많았다.

특히 양정 빌딩이 제일 좋아보였다.

우리가 사는 여주에도 높은 빌딩이 있었으면 좋겠다. 1988.7.19.화


*우리 소현이가 양정 빌딩이 참 좋아 보였구나. 엄마가 바로 이천 양정 여자 중학교를 졸업했단다. 너희들과 같이 옛 고향길을 걸으니 무척 행복했단다. 다음에 또 가자.

122

# 치마

오늘 엄마가 치마를 만들어 주셨다. 정말 예뻤다.

우리 엄마는 치마를 잘 만든다. 오늘 만든 치마 말고도 많이 만들어
주셨다.

꼭 새로 산 옷 같았다.

내 동생 성은이의 옷도 만들어 주셨다.

나는 앞으로도 계속 엄마한테 옷을 만들어 달라고 해야겠다.

1988.7.22.금

*예쁜 천을 사다가 우리 딸들의 옷을 만들어 입히는 것이 엄마의 즐
거움이었단다.

소현이가 잠바 스커트 식으로 만든 치마를 입고 좋아하니까 엄마도
기쁘단다.

앞으로도 더 많이 만들어 줄게.

# 계란 판 일

 내가 처음으로 계란을 판 오늘이 안 잊혀질 것 같다.

 작년 가을에 엄마가 병아리 200 마리를 사 오셨는데 벌써 어미닭이 되었다.

 지금은 알까지 낳는다.

 엄마가 잠깐 안 계실 때였다. 어떤 아줌마가 들어 오셨다.

 나는 계란을 그 아줌마에게 돈을 받고 팔았다. 참 신기했다.

 내가 장사를 했다는 일이 너무 재미있었다.

 다음에도 내가 계란 파는 일을 한다고 엄마한데 말 해야겠다.

1988.7.23.토


 *우리 소현이가 계란을 다 팔았구나. 너무 애썼어.

 넓은 마당에 닭장을 만들어 줬더니, 벌써 병아리가 커서 어미닭이 되었네.

 알까지 낳고 말이야. 이 추억은 안 잊혀질거야.

# 제12장

# 둘째 딸의
# 초등일기

# 언니와 함께 한 날

언니와 함께 돌아다닌 하루였다. 우리 집 개들도 쫓아왔다.

벌써 어두워졌다. 하늘의 별도 세어 보았지만 하도 많아 못 세었다.

아이스크림도 먹었다.

나는 소현이 언니랑 뛰기도 했다. 밤이 되려고 해서 그런지 좀 춥기도 했다.

막 뛰고 놀았는데 땀이 나지 않았다. 아마 더 열심히 뛰지 않아서 그랬을 것 같다.

1989.8.26.토

*우리 막내둥이 성은이가 언니와 재미있게 잘 지내는 모습에 기쁘구나.

자매끼리 가끔은 싸울 적도 있었지만, 오늘은 너무 사이좋게 뛰고 노는 우리 딸들이 엄마 눈엔 사랑스럽기만 한 걸.

# 성경 시험

시험을 보았다. 끝 번호에 예수님이 십자가에 달려 돌아가신 지 며칠 만에 부활하셨냐는 질문이었다. 그런데 내가 잘 모르고 4일이라고 쓴 것이다.

매우 쉬운 문젠데 틀린 것이다. 그때는 100점을 맞을 수도 있었다.

아쉽게 100점을 못 맞았다. 이제부터는 성경 공부를 열심히 해야겠다.

1989.8.27.일

*성은이 마음이 무척 아쉬웠겠다.

3일 만에 다시 살아나신 예수님인 것을 알고 있었는데 말이야. 보통 3일을 사흘이라고도 부르거든. 잠시 착각한 거야. 아무튼 잘한 거야. 우리 성은이 사랑해!

# 엄마와 같이 빨래 갠 것

엄마가 빨래를 개고 있었다. 그런데 내가 도와주었다.

엄마가 나를 칭찬해 주셨다. 나는 기분이 좋아서 더 잘 개었다.

빨래를 다 개고나서 옷장 속에 넣는 것 까지 했다.

내가 칭찬을 받으니까 기분도 좋아진다는 것을 깨달았다.

앞으로도 엄마의 일거리를 많이 도와야 하겠다.　　　1989.8.28.월

*성은이가 엄마 옆에 앉아 빨래 한 옷들을 함께 갰다는 것이 너무 신통했단다.

우리 막내둥이 9살 어린이가 귀엽기만 하구나.

앞으로도 도와 준다니, 엄마는 효녀 딸을 두어 기쁜 걸.

# 미리가 낳은 새끼 강아지

우리 집 개 이름이 미리다. 벌써 두 번째 새끼 강아지들을 낳은 것이다. 참 귀여웠다.

하얀 색의 새끼는 세 마리인데, 검은 색 강아지는 두 마리였다.

맨 처음에는 미리가 한 마리의 새끼를 낳았었다. 다섯 마리씩이나 되는 예쁜 강아지 새끼를 보니까 내 기분이 참 좋았다.       1989.9.7.목


*엄마도 새끼 강아지들이 태어나서 무척 행복했단다. 성은이가 기뻐하니까 더 기분이 좋은걸.

그래. 성은아, 우리 강아지들이 건강하게 잘 자라도록 함께 기도하자!

# 학교의 연못

　학교에 가니 기분 좋은 일이 생겼다. 예쁜 연못을 만들어 놓았기 때문이다.

　심심할 때마다 물이 흐르는 연못으로 가서 감상하려고 한다.

　연못에 심겨진 풀들과 조약돌, 물고기까지 생기면 더 좋겠다.

　앞으로 연못을 잘 관찰하면 공부에도 많은 도움이 될 것 같다.

1989.9.8.금

　*성은이가 무척 좋아하는구나!

　엄마도 우리 집 마당에 연못이 있었으면 했는데, 학교에 연못이 생겨 엄마도 기쁘거든.

　그래. 성은이가 좋아하는 일이면 저절로 엄마도 좋아진단다.

# 씨앗 심기와 엄마 칭찬

오늘 오후에 엄마 일을 도와드렸다.

넓은 우리 집 마당의 빈 자리에 채소 씨앗을 심는데, 엄마가 힘들어 보여서 내가 도와드린 것이다.

며칠 있으면 내가 심은 채소도 싹이 나올 것이다. 기다려진다.

내 힘으로 그런 걸 할 수 있다는 게 좋았다.

늦게까지 엄마랑 같이 일하고 저녁을 맛있게 먹었다.

엄마의 칭찬을 받으니 기분이 좋았다.        1989.9.10.일


*성은이와 함께 일을 하니까 엄마도 마음이 기뻤단다.

우리 성은이가 스스로 엄마를 돕는 모습이 얼마나 기특했는지 몰라.

역시 성은이는 착한 딸이야. 엄마가 많이 예뻐해 줄게.

# 언니에게 간호해 준 일

소현이 언니가 머리 아프다고 했다. 언니 이마에 물 수건을 만들어 대 주었다.

이마가 뜨거웠다.

한참 하는 동안 언니는 잠이 들었다.

물 수건을 계속 대 주어서 그런지 언니가 잠이 든 것이다.

오늘 착한 동생 노릇을 한 것 같아서 마음이 좋다.　　　1989.9.21.목

*우리 성은이가 오늘 정말 좋은 일을 했구나.

엄마가 없는 동안에도 언니를 잘 간호했으니 기특하구나.

역시 예수님 마음을 닮은 우리 딸이 최고야!

# 풍선 불기

　풍선을 샀다. 학교 앞 문방구 앞에서 산 것이다. 풍선 값은 이십 원 밖에 안 되었다.

　나는 동그랗게 불은 풍선을 던지면서 놀았다.

　혼자 노는데도 둥둥 떠다니는 풍선이 재미 있었다.

　풍선이 전부 네 개 있었는데, 세 개는 이미 다 터뜨리고 말았다.

　겨우 한 개 남은 풍선도 바람에 날아가 버렸다.

　더 놀 수 있었지만 풍선이 한 개도 없어서 아쉬웠다. 아까웠다.

1989.9.22.금

*애써서 분 풍선이 한 개도 안 남았으니 성은이 마음을 이해하겠네.

성은아, 그래도 재미있게 논 것으로도 추억이라고 생각해.

나중에 기회 생기면 엄마가 풍선 많이 사다 줄게.

# 왜 이렇게 슬프지

집으로 들어왔는데 새끼 강아지 미라가 죽어 있었다.

교통 사고를 당해서 죽었다는 것이다. 어미인 미리는 어디로 갔는지 통 보이질 않았다.

새끼가 전부 다섯 마리였는데 한 마리가 죽은 것이다.

제일 작고 귀여웠던 강아지였다. 나는 오늘 너무 너무 슬펐다.

1989.9.23.토

*우리 딸 성은이가 많이도 귀여워 한 새끼 강아지 미라였는데…

대문 밖의 길가로 잠깐 나갔을 때 자동차 바퀴에 치어 죽었다는구나. 어머나 딱하지. 엄마도 많이 슬픈 걸.

# 불쌍한 강아지 새끼들

강아지 새끼들은 엄마인 미리가 없으니까 새끼들은 우유도 잘 못 먹고 참 불쌍하다.

네 마리 남은 새끼 강아지 중에서 한 마리만 내가 기르기로 했다.

그리고 나머지 세 마리는 사람들에게 나누어 주었다.

엄마가 없어서 그런지 남은 한 마리 강아지 새끼는 낑낑거렸다.

우유를 줘도 안 먹어서 강제로 먹였다.

아마 어디론가 없어진 엄마가 보고 싶어서겠지. 마음이 아프다.

1989.9.24.일

*성은이가 얼마나 슬픈지 엄마가 잘 안단다.

'미세리'라고 이름 지어준 새끼 강아지라도 잘 키우자꾸나.

어디서 다쳤는지 한쪽 다리를 절면서도 엄마를 잘 따라 다니는 게 참 대견하고 귀엽거든.

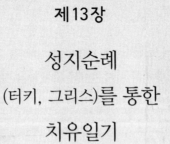

# 제13장

## 성지순례
### (터키, 그리스)를 통한
### 치유일기

# 성지순례를 다짐하며

**"오직 성령이 너희에게 임하시면 너희가 권능을 받고
예루살렘과 온 유대와 사마리아와 땅끝까지 이르러
내 증인이 되리라 하시니라"**(행1:8).

우리 치유하는 교회에서의 큰 연중 행사가 성지순례 여행이었다.

나는 직장 생활이라는 장애가 있었지만, 주님의 은혜로 휴가를 얻어 함께 떠날 수가 있었다.

제1코스라 칭하는 이스라엘 성지가 아니고, 제2코스인 터키, 그리스의 성지를 순례할 수있는 좋은 기회를 맞은 것이다. 일생 일대에 한 번이나 있을 법한 성지순례 여행이 아닌가!

12박13일 간의 긴 코스의 여행이 내게는 설레임과 감동 뿐이었다.

살아계신 하나님께 감사드린다. 나의 성지순례 준비를 위해 물심 양면으로 섬겨준 딸들에게 고마울 따름이다.

오늘이 바로 첫날이다. 잘 다녀오라고 기도해 주시며 성심 성의껏 보살펴 주신 몇몇 성도님들께도 진심으로 감사를 드린다.

2013년 10월 6일인 오늘은 첫 주일이다. 오는 10월 18일 금요일 저녁에 돌아오게 된다. 나는 매일 성지순례 일기를 쓰기로 했다. 보라색의 작은 노트와 성경책도 캐리어 여행 가방에 소중히 담았다.

드디어 주일예배를 마친 우리 일행 43명이 인천국제공항으로 출발했다. 선교여행의 시작이다.

2013.10.6.주일

# 135
# 터키 성지순례

"너희도 그들 중에서 예수 그리스도의 것으로 부르심을 받은 자니라"(롬1:6).

　젊었을 때부터 열망했었던 성지순례의 꿈이 실현되는 이 순간 순간이 새롭고 소중하기만 하다. 마침 우리 본 교회의 홍 집사님이 운영하시는 '요셉의 꿈 여행사'를 통해 함께 가족 같은 분위기로 순례길에 임할 수 있다는 사실에 감사드린다.

　김의식 담임 목사님과 사모님, 두 분의 부 목사님 부부께서 동행해 주셔서 너무나 든든하고 안심이 되었다.

　신실하신 하나님의 사랑이 어찌 이리도 크고 놀라운지 모르겠다.

　우리 일행은 어제 주일 밤 늦게 터키행에 올랐다. 장장 12시간을 기내에서 보냈다. 두 끼니의 식사 시간을 가졌다.

　생전 처음으로 맞게 되는 터키의 이스탄불 아침! 감계무량 하기만 하다.

　한 시간 소요의 유람선 관광! 부서져 내리는 파도를 바라보며 행복한 전율을 느꼈다.

　이 부족한 나의 소원을 응답하사 성지순례의 일행 속에 있게 하신 주님께 감사 영광 돌린다.　　　　　　　　　　　　　　　　2013.10.7.월

# 사도 바울 동굴교회

**"바울과 바나바는 안디옥에서 유하며 수다한 다른 사람들과 함께 주의 말씀을 가르치며 전파하니라"**(행15:35).

성경 말씀에서만 알고 있었던 사도 바울의 전도를 향한 열정! 그의 고향인 다소에서의 새로운 삶을 향한 증명과 증거, 각인을 하게 되는 오늘이었다.

이스탄불 공항에서 출발하여 하타이 공항에 도착했다. 그리고 수리아 안디옥으로 이동하여 사도 바울의 동굴교회를 방문할 계획이었다.

우리의 순례 여정이 순탄한 것 만은 아니었다. 마침 그곳 교회를 수리하기 위해 공사가 진행 중이라고 한다. 우리 성지 순례단 모두는 먼발치에서 보이는 동굴교회를 바라만 보고 되돌아 와야 했다.

아쉬운 마음이었지만 바울의 고향인 다소에서 그의 생가를 둘러보았고, 우물터에서 단체 사진을 찍었다.

나는 바울의 삶을 성경 말씀을 상고하며 떠올려 보았다. 한 평생의 삶을 오직 주님만 의지하여 영혼 구령에 목숨을 바친 분, 그의 회심 이후의 생애는 자신과 세상의 욕망을 분토와 같이 버린 거룩한 삶이었다. 감옥에서 순교하기까지…

바울을 만나는 감동과 감격이 나를 엄습해 왔다.            2013.10.8.화

# 지하도시 데린쿠유

**"내가 진실로 진실로 너희에게 이르노니 한 알의 밀이 땅에 떨어져 죽지 아니하면**
**한 알 그대로 있고 죽으면 많은 열매를 맺느니라"**(요 12 : 24).

카파도키아에서 이고니온이라 불리워졌던 꼬냐 까지는 약 5시간이 소요되었다.

호텔에 도착한 우리는 호텔식 저녁 식사를 마쳤다. 나는 배정된 침실에 누워 오늘 하루의 피곤한 몸을 침대에 맡겼다.

그런데 계속 마음 속 깊이 울컥거리는 감동의 물결은 무엇일까? 바로 터키의 중부 지역에 있는 지하도시 데린쿠유를 순례 단원들과 함께 탐방했던, 오늘 낮의 기억이 생생하게 떠올랐기 때문이다.

지하 8층까지 지어진 데린쿠유의 흔적들 속에서, 우리의 선조 그리스도인들의 절절한 순교 신앙을 느낄 수 있었다.

돌아오는 버스 안에서의 수요예배가 은혜로웠다. 담임 목사님의 눈물 어린 말씀과 찬송이 다시 떠오르며 눈시울을 짓게 했다.

나의 외식적인 믿음의 안일한 게으름, 그리고 세상의 죄성과 적당히 타협해 살아온 자아의 정체성을 주님께 고백하지 않을 수 없었다.

생명 바쳐 예수 그리스도를 부인하지 않았던 초대 선조들의 신앙을 절반이라도 닮아야 하겠다.                              2013. 10. 9. 수

# 라오디게아 교회


**"내가 네 행위를 아노니 네가 차지도 아니하고 뜨겁지도 아니하
도다

네가 차든지 뜨겁든지 하기를 원하노라"**(계3:15).


성서상의 이고니온 지역인 꼬냐에서 바울 기념교회를 순례한 후에,
바울과 바나바가 유대인 회당에서 복음을 전했던 비시디아 안디옥을
찾았다. 그리고 요한계시록에 기록된 라오디게아 교회에 머물렀다.

우리는 잠시 서서 담임 목사님의 말씀과 함께 드리는 회개의 간절한
통성 기도를 올렸다. 주님께 고백하는 허물과 죄악의 실토 시간은 내
게 있어서 잊을 수 없는 자아 성찰의 순간이 되었다.

라오디게아 교회는 미지근한 신앙에 대해 주님이 책망하셨던 교회
가 아닌가!

바로 이 시대의 그리스도인들, 곧 내 자신이 아닌가 말이다.

또한 모든 이 땅의 교회들에게 하시는 성령님의 책망이라 아니할 수
가 없다. 웅장하고 아름다웠던 교회가 이젠 폐허가 된 채, 깨진 돌덩이
들만 뒹굴고 있다.

잊지 못할 히에라 폴리스에서의 발 담그기 놀이는 우리들 모두의 즐
거움이었다. 하얀 눈처럼 덮인 석회봉이 쌓여 굳어진 노천 온천의 이 신
비로운 장소를 어찌 잊으랴. 바로 여기에 사도 빌립의 순교 무덤이 있다.

참으로 오늘 하루는 회개와 감동, 즐거움의 날이었다.  2013.10.10.목

# 서머나 교회

"너는 장차 받을 고난을 두려워 하지 말라…

네가 죽도록 충성하라 그리하면 내가 생명의 관을 네게 주리

라"(계2:10).

요한계시록(2:8-11)에 새겨진 일곱 교회들, 무너져 내린 옛 교회의 터전을 오늘 오후까지 모두 다 순례했다.

제일 마지막으로 탐방한 시미나 교회! 꼭꼭 삼겨진 교회의 정문을 향한 담벼락에 모여 단체 사진을 찍는 것으로 만족해야 했다.

호텔로 돌아오는 버스 안에서 우리는 서머나 교회에 관한 은혜의 말씀을 들으며, 각자의 자신을 진단하는 회개의 통성 기도회 시간을 가졌다. 칭찬만 받았던 서머나 교회가 아니었던가!

불타는 화형의 순간 속에서도 주님을 부인하지 않고 순교한 신앙의 주인공인 폴리갑이 있다. 그 외의 몇몇 성도들이 있다 한다.

옛 서머나 교회의 현장을 밟고 말씀을 떠올리는 내 마음이 무거워졌다. 나는 이제 어떻게 살아가야 하나!

갑자기 자주 외우며 강조하던 계시록 2장 10절의 말씀이 레마의 음성으로 들려왔다.

"네가 죽도록 충성하라 그리하면 내가 생명의 관을 네게 주리라."

2013.10.11.금

# 에베소 교회

"그러나 너를 책망할 것이 있나니 너의 처음 사랑을 버렸느니라"(계2:4).

호텔에서 아침 식사를 마친 후 우리 성지 순례단은 밀레도로 이동했다. 그리고 바울이 고별 설교를(행20:17-24) 했던 도시인 이즈밀 밀레도 유적지를 탐방했다. 웅장했던 건축물들의 잔재들…

헬레니즘 시대의 건축물로 그 당시 2만 4천여 명을 수용할 수 있는 원형 극장에 도착했다. 우리는 제각기 계단에 앉아 엄숙한 마음으로 찬송가를 불렀다. 벅찬 감동의 찬양 소리가 온 경기장 주변을 울려 퍼지게 했다. 폐허가 된 돌 계단에 앉아 듣고 있던 다른 팀의 순례객들이 힘차게 박수로 격려해 줬다. 은혜의 물결이 넘쳐 흘렀다.

신실한 그리스도인들이 사자의 밥이 되어 순교 당했던 그 시대의 흔적을 몸소 확인할 수 있었다.

오후 늦게 탐방한 사도 요한의 무덤교회는 쿠사다스로 이동하는 가까이에 있었고, 우린 그곳 호텔에 투숙했다.

아직 어둡지 않은 외관의 수영장 주변을 산책하며, 나는 문득 처음 사랑을 버렸다고 책망 받은 에베소 교회를 생각했다.

그 말씀을 묵상하면서, 누구도 아닌 바로 내게 주시는 성령님의 음성으로 받았다.

2013.10.12.토

# 밧모섬

> "나 요한은 **너희 형제요 예수의 환난과 나라와 참음에**
> **동참하는 자라 하나님의 말씀과 예수를 증언하였음으로 말미암아**
> **밧모라 하는 섬에 있었더니**"(계1:9).

사도 요한의 유배지였던 밧모섬에 도착한 오늘이 마침 주일이었다. 푸르른 에게해와 깨끗한 백색의 집들이 한데 어울려, 한 폭의 그림을 연상케 되는 이곳이 밧모섬이다.

전세 편으로 쿠사다스항을 출발했을 때, 우리는 선상 주일예배를 드렸다. 감동이다.

파도 소리를 들으며 주의 말씀과 찬송을 부르니 천국이 따로 없었다.

요한계시록 복음서를 기술하고 생을 마감한 사도 요한의 무덤교회가 있는 쿠사다스로 이동하여 투숙했던 호텔에서의 휴식도 감미로웠다. 동굴교회, 수도원, 세례 터를 순례하는 동안 고단한 몸을 호텔에서 쉬어가는 낮 시간이 달콤했다.

아름다운 꽃들이 하얀 집들의 담벼락을 타고 싱그럽게 넘실거렸다.

끓는 가마 솥에 던져진 순교자 사도 요한! 80세가 넘으신 고령의 그가 이곳에서 18개월 간 노역 생활을 했다고 한다. 전승에 의하면 주로 채석장에서 돌 깨는 일에 동원되어 활동했다니, 생각만 해도 밧모섬은 실상 인고의 세월 속에 숨어있는 구원과 은혜의 섬이 아닐 수 없다.

2013.01.13.주일

# 고린도, 아테네

"그리스도께서 약하심으로 십자가에 못 박히셨으나
하나님의 능력으로 살아 계시니 우리도 그 안에서 약하나
너희에게 대하여 하나님의 능력으로 그와 함께 살리라"(고후13:4).

밧모섬에서의 오후 자유시간을 넉넉하게 보낸 후, 우리 모두는 야간 페리 편으로 밧모섬을 출발했다.

자정이 다 되어 처음으로 맞는 선내 숙박이다. 2인 1실인데 나는 2층 침대가 좋아 사다리를 놓고 오르내리며 편안하게 취침했다. 나의 룸 메이트는 늘 함께 취침해오던 오 권사님이시다.

그리고 낮 동안에의 버스 좌석의 짝은 전 권사님이시다.

주님께서 터키와 그리스 성지순례를 통하여 많은 좋은 분들을 알게 하셨다. 그리스도의 한 지체된 성도 간의 사랑이 얼마나 소중한 것인지를 실감하게 되었다.

새날이 밝았다. 이른 아침 피레우스 항구 도착 후 새로 맞게 된 가이드 집사님과의 미팅을 가졌다. 18개월 동안 사도 바울이 복음을 전했다는 고린도로 이동했다. 고린도 운하, 박물관, 성지 고린도 유적지를 돌았고, 겐그레아항에서는 기념하는 조약돌을 주웠다.

아테네로 귀환하여 파르테논 신전, 아레오빠고 언덕, 근대 올림픽 경기장을 방문 후 호텔에 도착했다.

사도 바울의 영혼 구령의 열정을 다시 한 번 체감하는 하루였다.

2013.10.14.월

# 메테오라 수도원

**"나는 너를 애굽 땅에서 인도하여 낸 여호와 네 하나님이니
네 입을 크게 열라 내가 채우리라 하였으나"**(시81:10).

이른 아침 조식 후에 영적인 거장들의 고향인 메테오라를 오르기로
했다. 그 수도원을 찾아 떠나는 중간 지점에서, 잠시 우리 성지 순례단
일행의 쇼핑 시간이 주어졌다.

한국인 자매의 친절한 설명을 들으며 상점에 있는 올리브로 만들이
진 비누와 치약, 화장품 등의 제품을 자유롭게 구입했다. 나 역시도 선
물용으로 한 바구니 골라 계산했다.

다시 수도원 정상을 향해 버스가 달리기 시작했다. 양 옆으로 보이
는 올리브 나무들이 싱그럽게 한눈에 들어왔다. 푸른 빛 잎새들이 바
람에 춤을 추는 것 같았다.

안내하는 가이드의 손짓에 따라 앞쪽을 보았다. 산 정상이 보였다.

마치 누워있는 사람이 크게 입을 벌리고 있는 모습이었다. 그 순간
나는 "입을 크게 열라"는 시편(81:10)의 말씀이 생각났다.

그리스 아테네의 유명한 이 수도원의 웅장함과 아름다운 절경에 모두
들 환호성이 터져 나왔다. 나 역시도 놀란 가슴을 주체할 수가 없었다.

11세기에 세워졌다는 꼭대기 정상의 수도원! 하나님의 작품에 감동
뿐이다.

2013.10.15.화

# 빌립보 교회

"두아디라 시에 있는 자색 옷감 장사로서 하나님을 섬기는
루디아라 하는 한 여자가 말을 듣고 있을 때 주께서 그 마음을
열어 바울의 말을 따르게 하신지라"(행16:14).

이제 성지순례의 여정도 거의 다 마쳐가는 단계에 이르렀다. 오늘
밤이 호텔에서의 마지막 취침이 될 것이며, 내일은 다시 이스탄불의
터키로 이동하게 된다. 그 다음으로 10시간 이상의 기내 숙박을 취하
면서, 모레인 18일 금요 저녁에 고국의 인천국제공항에 도착하게 될
예정이다.

아쉬움이 많이 남지만 내 인생 첫 번째 맞는 성지순례의 경험을 기점
으로 새롭게 시작하려 한다. 무엇보다 영적 삶의 주인공으로 말이다.

사도 바울, 사도 요한의 발자취를 우리는 종용히 따라야 한다.

데살로니가의 성 드미트리우스 교회, 네압볼리, 아볼로니아에 있는
바울의 강단, 기독교가 유럽으로 전파된 최초의 지역인 빌립보에서 바
울의 감옥 터 및 유적들을 탐방했다.

빌립보 교회는 현재 하트 형태의 기둥 두 개만 남아 있었다.

사도행전 16장의 말씀 흔적이 있는 이곳! 우리는 루디아 기념교회
가 있는 성문 밖 강가에서 수요예배를 드렸다.                    2013.10.16.수

# 네압볼리

   **"그러므로 내 사랑하는 형제들아 견실하며 흔들리지 말고 항상 주의 일에 더욱 힘쓰는 자들이 되라 이는 너희 수고가 주 안에서 헛되지 않은 줄 앎이라"**(고전15 : 58).

   사도 바울이 유럽 전도의 문을 열었던 네압볼리에 있는 호텔에서의 편안한 잠자리를 마쳤다. 이른 새벽에 눈을 떴다. 알람 소리와 함께 일어나 습관처럼 주님께 묵상 기도 후에 성경 말씀을 찾아 읽었다. 새벽 4시가 지났다. 하루를 맞는 영성의 이 큐티 시간이 천국으로 향하는 그 마지막 순간까지 계속되기를 소원한다. 내가 어디에서 무엇을 하든지 내 안에 계신 성령님이 인도해 주실 것을 믿고 감사드린다.

   어젯 저녁 수요예배 때의 말씀을 되새겨 본다. 김의식 담임 목사님께서 대언하셨던 주님의 말씀! 사도 요한, 사도 바울의 순교적 신앙 열정을 본 받으라는 뜨거운 외침이셨다.

   지금은 다시 오실 주 예수님의 재림 신앙을 위해 영적으로 무장할 때다. 나 부터 영적 신부의 단장을 이뤄가야 하겠다.

   오늘은 터키로 입국하여 '성 소피아 성당' 순례하는 순서가 남아 있다. 호텔 앞에 펼쳐진 바다를 바라보며, 주님께 감사 찬양 올린다.

2013.10.17.목

# 성 소피아 성당

"나를 능하게 하신 그리스도 예수 우리 주께 내가 감사함은 나를 충성되이 여겨 내게 직분을 맡기심이니"(딤전1:12).

그리스에서 다시 터키의 이스탄불로 가는 접경 지역에 다달았다. 가장 먼저 만났던 가이드 이동환 전도사님, 그리스에서의 김경자 집사님과도 아쉬운 이별의 정을 마감해야 했다. 인생이란 이렇게 유한 된 삶의 한 가운데에서 만났다 헤어짐의 반복이란 것을 새삼 실감했으니 말이다. 성지순례단의 마지막 코스로 이스탄불의 성 소피아 성당을 탐방하게 되었다. 친절하신 청년 가이드 선생님의 안내를 받으며, 세계 최고의 아름답고 웅장한 성 소피아 성당 구석구석을 살펴 보았다. 십자가와 아름다운 성화로 장식 되어진 비잔틴 예술의 걸작을 감탄하지 않을 수 없었다.

자정을 지나 터키항공으로 우리는 이스탄불과의 마지막 이별을 맞이해야 했다. 귀국길로 향하는 기내 숙박을 하면서, 그 동안의 터키와 그리스 성지순례 여정을 떠올렸다. 모두가 나를 향하신 하나님의 은혜였다. 아마도 이 성지순례의 첫 추억은 내 평생 지워지지 않을 은혜의 흔적일 것이다.

인천국제공항에 내렸다. 이젠 내게 죽도록 충성할 사명만 남았다.

2013.10.18.금

# 제14장

# 도서출판(문서선교)을
# 통한 치유일기

# 주님께 드리는 편지(2002.1.10.발간)

**"마음을 살피시는 이가 성령의 생각을 아시나니 이는 성령이 하나님의 뜻대로 성도를 위하여 간구하심이니라"**(롬8:27).


나의 결혼생활이 25년째 되는 2002년 1월에 처음으로 이 땅에 선을 보인 책이 바로 《주님께 드리는 편지》였다. 지금부터 그 때를 떠올리니 눈시울이 뜨겁고 먹먹해지려 한다. 20년 전의 상황들이 이 책을 펼쳐보는 순간 너무나 생생하게 되살아 난다. 주님께서 선물로 주신 기억의 잔재들… 그러나 감사와 감격이 더 많았다. 그렇게도 꿈 꾸었던 작가의 본업이 단행본의 책으로 출판되었기 때문이다.

어린 시절부터 글쓰기를 좋아했던 나였다. 그래서 교회에서 예배드리는 시간마다 노트에 설교 요약 부분을 기록하는 습관이 지금까지도 일상이 된 것 같다.

여주에서 서울로 오가며 6년째 상담과 교육, 심방 전도사로 사역을 감당할 때, 주님께서는 내게 성도들을 위한 중보적 기도를 기도시로 기록하여, 10년 동안 3,000편의 기도시 편지를 전달토록 작정케 하셨다.

기도실에서, 골방에서 눈물로 한 사람 한 사람 이름 부르며 말씀을 받아 기도시를 작성했다. 700편의 기도시가 채워졌던 때 첫 기도시집이 결실을 맺은 것이다. 주님께 영광 돌린다. 문서선교의 기도제목이 응답되었기 때문이다.

2020.10.27.화

# 주의 거룩한 새벽 전에서(2005.8.3.발간)

"주의 말씀을 조용히 읊조리려고 내가 새벽녘에 눈을 떴나이다"(시119:148).

사도행전의 교회가 용인의 죽전으로 이전한 지 얼마 안 되어 나는 제2집인 기도시집을 출간했다. 《주의 거룩한 새벽 전에서》란 제목의 책이다. 어린 아기의 백일 잔치나 돌 잔치, 어르신들의 회갑, 칠순 잔치, 결혼식 축하 기념시 등 1,300편 이상의 중보적 기도시 중에 몇 편을 간추려 연령별로 분류하고 작성한 책이다.

지금 이 책을 읽어 보았다. 역시 감회가 새로웠다.

15년 전의 아동부 교육 전도사로 사역을 맡던 그 때가 그리웠다. 아동부 어린이들과 함께 영화를 감상하며 떡볶이 사 먹던 기억이 또렷하다. 최이식 담임 목사님은 어떻게 계시는지…

신학생 시절에 강사이신 담임 목사님의 부흥 설교 말씀을 듣다가, 고통스러웠던 치질을 단번에 치유받은 기적의 사건을 평생 못 잊을 것이다. 이 간증의 이야기는 지금 생각해도 놀랍기만 하다.

그 교회에서의 금요 철야기도와 찬양의 곡조있는 기도가 기도시에 녹아나 책이 되었다는 사실이, 그저 주님께 감사드릴 뿐이다. 참 좋으신 하나님!

2020.11.6.금

149
# 주와 함께 물 댄 동산을 거닐며(2009.12.10. 발간)

"여호와가 너를 항상 인도하며 메마른 곳에서도

네 영혼을 만족하게 하며 네 뼈를 견고하게 하리니

너는 물 댄 동산 같겠고 물이 끊어지지 아니하는 샘 같을 것이

라"(사58:11).


"주와 함께 물 댄 동산을 거닐며 사는 하루 하루가 이 땅에 사는 순간 순간마다, 사랑의 경험으로 실천되어야 한다고 믿습니다!"

제3집으로 발간된 중보적 기도시집의 머리말에 쓰여진 글이다.

'내 주의 은혜 강가로'란 복음성가를 감상하며 이 글을 쓴다. 주님의 십자가 보혈이 넘쳐나는 사랑의 강가에서 맘껏 샘물을 마시고 싶다.

2,000명 이상의 성도들 이름을 부르며 기도한 기도시가 이 책에 선별되어 이름까지 새겨져 있다. 그 당시의 목사님, 전도사님, 장로님, 권사님, 집사님들이 그립다. 그 많은 성도들의 모습이 이 중보적 기도시에 어려있다. 나의 작은 신음까지도 응답해 주시는 주 성령님께 무엇으로 보답해야 할지…

지난 해와 올 해 2년 동안 찬양대 대원들을 위해 삼행시와 기도시를 매월 작성하여 생일선물로 드릴 수 있음이 얼마나 내겐 소중한 기쁨과 보람인지 모르겠다.

이 순간도 나는 주와 함께 샘솟는 동산의 오솔길을 걷고 있다.

2020.11.13.금

# 행복한 만남(2012.12.10.발간)

**"나는 포도나무요 너희는 가지라 그가 내 안에 내가 그 안에 거하면 사람이 열매를 많이 맺나니 나를 떠나서는 너희가 아무 것도 할 수 없음이라"**(요15:5).

치유하는 교회로 나를 인도해 주신 하나님 아버지의 은혜와 사랑에 감사하기만 하다. 지금부터 12년 전인 2008년도 12월에 교회 새 가족부를 수료했다. 그 후 찬양대의 대원으로 지금까지 섬기고 있다.

12년 8개월간의 섬기던 교회를 사임하고, 크리스천 치유상담연구원에서 강의를 듣던 중 현재의 본 교회 위임 목사님이신 김의식 교수님과의 만남이 행복의 첫 동기가 된 것이다.

지금 다시 생각해 보면 놀라우신 주님께서 나의 간절한 기도에 응답해 주신 것, 포도나무이신 주님이 가지 된 내게 더 풍성한 열매를 맺으라고 만남의 새로운 복을 주셨다고 자부한다.

《행복한 만남》이란 수필집은 본 교회에서의 4년 째인 2012년 성탄의 달에 '회갑 기념집'으로 발간된 네 번째 책이다. 또한 세 권의 책이 출판되었던 '정금사'의 최남숙 대표님께도 감사드린다는 고백을 아니 드릴 수가 없다. 신실한 영적 믿음의 소유자로 늘 기도 생활에 열정이 셨던 분이다. 새로운 교회생활과 더불어 출판사도 새롭게 만나게 하셨다. 이 책의 출판사인 '코람데오'의 임병해 대표님께 감사드린다. 믿음과 섬김, 겸손으로 변함이 없으시다.

내게 있어서 진정 큰 복은 행복한 만남이 아닌지.　　　2020.11.23.월

# 내 모습 이대로(2012.12.10.발간)

**"하나님이여 내 속에 정한 마음을 창조하시고 내 안에
정직한 영을 새롭게 하소서"**(시51:10).

"있는 모습 그대로 / 느껴주고 이해하면 좋겠다.
내가 남과 다른 것을 / 소중히 여겨 감사하련다.
창조주의 만드심에 감격하면서 / 내 모습 이대로 사랑하며 살겠다."
(내 모습 이대로)

《내 모습 이대로》란 시집에 기록된 시 몇 줄을 옮겨 보았다.
이 책은 《행복한 만남》이란 수필집과 같이 발간된 시집이다. 3년 4
개월의 직장 생활에서 일어나는 크고 작은 사건들, 희노애락의 순간
들이 시집에 담겨있다. 무엇보다 주일 설교 말씀을 5개월 가까이 듣고
노트해서 지은 기도시를 이 책의 5부에 담았다.
오늘 이 순간도 읽으면서 은혜를 받았다.
처음엔 《있는 모습 그대로》란 제목의 이름으로 시집을 내려 했었다.
그러나 《내 모습 이대로》란 제목이 더 감동스럽다는 위임 목사님의 진
심어린 권면에 그대로 순종했다.
지금 생각해 봐도 너무나 은혜스러운 글귀다. 또한 추천사까지 맡아
주신 존경하는 김의식 위임 목사님께 무한 감사드린다.
그렇다. 다윗 시인의 고백처럼 정한 마음, 정직한 영의 겸손한 신앙
인으로 살아가길 결단한다. 　　　　　　　　　　　　　　2020.12.3.목

## 152

# 어머니, 당신이 그리워질 때면(2016.3.6.발간)

"…어머니께서 가시는 곳에 나도 가고 어머니께서 머무시는 곳에서 나도 머물겠나이다. 어머니의 백성이 나의 백성이 되고 어머니의 하나님이 나의 하나님이 되시리니"(롯1:16 하).

"어머니의 넓은 사랑 귀하고도 귀하다 그 사랑이 언제든지 나를 감싸줍니다.

내가 울 때 어머니는 주께 기도 드리고 내가 기뻐 웃을 때에 찬송 부르십니다."

2016년도 3월에 발간된 여섯 번째 책이다. 《어머니, 당신이 그리워질 때면》이란 어머니 회고록집이다. 오늘 따라 35년 전에 주님 품에 안기신 어머니가 몹시 그립고 보고만 싶다.

찬송가 579장을 부르는데 가슴이 찡하다. 우리 자녀들에게 믿음의 유산을 물려주고 가셨다. 이 책을 다시 읽고, 책 머리에 새겨 놓은 수채화 고향 마을 속의 어머니 사진이 나를 감동시킨다.

73세의 어머니는 신실한 믿음의 강기주 집사님이셨다. 나는 어머니의 믿음과 삶의 절반도 따라가기가 부족하다. 살포시 어머니 얼굴에 입을 맞춰 본다.

진정 룻의 고백이 나의 고백이다. 어머니의 하나님이 나의 하나님이시다.

내가 언제 이렇게 노년의 나이가 되었을까. 그런데도 나는 어머니 앞에 서면 어린아이가 된다.

막내 딸의 어리광쟁이가 된다.

주님과 함께 계실 어머니 계신 저 천국! 머지않아 어머니를 만나게 되겠지. 사랑하는 주님 앞에서 우린 영원히 함께 살겠지.

2020.12.7.월

# 영생하도록 솟아나는 샘물이 되리라(2018.5.12.발간)

"내가 주는 물을 마시는 자는 영원히 목마르지 아니하리니
내가 주는 물은 그 속에서 영생하도록 솟아나는 샘물이 되리
라"(요4:14).

내가 주님의 은혜로 책을 발간하게 된지가 벌써 16년이란 세월이
흘렀다. 7권 째의 책을 나의 부족한 실력으로 출판했다는 사실이 놀랍
다. 전적인 주님의 인도하심에 있었음을 고백하지 않을 수 없다.

이번의 책은 특히 활자가 아닌 나의 친필로 꼭꼭 눌러서 쓴 원고를
그대로의 모습으로 책을 만들었다. 101가지라는 숫자에 주제를 담은
의미가 따로 있다. 나는 아무 것도 아닌 0의 상태이지만, 알파(처음)와
오메가(나중) 되시는 주님이 함께 하시면 영생의 삶을 이룬다는 뜻이었
다.

교회의 성도들과 지인들, 선교사님께 문서 선교와 사랑의 차원에
서 선물한 것이 큰 보람이다.

지난 해엔 새벽마다 큐티 묵상집으로 활용하여 읽고 기도하는 시간
을 가졌다. 주 성령님과의 진솔한 고백을 편지 형식으로 써 나간 이 책
을 나는 소중히 여긴다.

자칭 이름 없는 화가라 여기며 책의 하단엔 주제를 상징하는 작은
그림들도 손수 그려 넣었다.

이제 곧 신년엔 내 나이 70세가 된다. 칠순 기념집으로 8권째 책인

《영·혼·육의 전인적인 치유일기》를 출판할 계획이다. 주께서 내게 생명 주시는 한 천국에 오를 때까지, 나의 이 사랑의 편지는 계속되리라 믿는다.

칠전팔기의 집념으로 기도하며 실천하는 나를 응원하시는 주께 무한 감사와 영광, 찬양을 높이 올려드린다.     2020.12.17.목

영·혼·육의 전인적인 **치유일기**

**초판 인쇄**    2021년 4월 1일
**초판 발행**    2021년 4월 4일

**지 은 이**    김명환
**펴 낸 곳**    **코람데오**
**등    록**    제300-2009-169호
**주    소**    서울시 종로구 세종대로 23길 54, 1006호
**전    화**    02)2264-3650, 010-5415-3650
              FAX. 02)2264-3652
**E-mail**    soho3650@naver.com

ISBN | 978-89-97456-92-5  03230

값 10,000원